Walter Kirchschlager

SALZBURGER STADTTORE

Walter Kirchschlager

Salzburger Stadttore

Ein historischer Spaziergang
entlang den alten Stadtmauern

Edition Salis
im
Verlag der Salzburger Druckerei

Für Beratung und Unterstützung am Zustandekommen dieses Buches
danken Verlag und Autor ganz besonders den Herren

Univ.-Prof. Dr. Heinz Dopsch
Dr. Karl Ehrenfellner
Mag. Meinhard Leitich

Entwicklung des Buchkonzepts und lektoratsmäßige Betreuung:
Reinhard Schmid
Buchgestaltung und Herstellungsbetreuung:
Paul Frank

Der Band „Salzburger Stadttore" ist ein Titel aus der
Edition Salis
im
Verlag der Salzburger Druckerei

Das Umschlag-Titelbild zeigt das ehemalige Kajetanertor, das von 1644 bis 1873 bestand und zu den sowohl wichtigsten als auch schönsten Toren der Stadt zählte.

Das vordere Vorsatzblatt gibt einen Ausschnitt aus einer Stadtansicht Salzburgs um 1710 wieder.

1. Auflage 1985
© 1985 by Verlag der Salzburger Druckerei, Printed in Austria.
Sämtliche Rechte vorbehalten.
Gesamtherstellung: Salzburger Druckerei, Salzburg.
ISBN 3-85338-149-9

INHALT

Einführung 11

Historischer Spaziergang durchs alte Salzburg links der Salzach
Das Äußere Nonnbergtor 21
Das Innere Nonntaltor 22
Das Äußere Nonntaltor 23
Das Kajetanertor 27
Das Kumpfmühltor 28
Das Michaelstor 30
Die Pforte 32
II. Brückentor 34
Das Klampferertor 37
Das Rathaustor 39
Das Obere Tränktor 40
Das Fleischtor 42
Das Niedere Tränktor 44
Das Neutor 47
Das Gstättentor 51
Das Klausentor 54
Das Salzachtor 59
Das Laufener Tor 60
Das Müllegger Tor 61
Das Wartelsteintor 65
Die Monikapforte 67
Die Augustinuspforte 68
Das Bürgerwehrtor 69
Die Bürgermeisterpforte 70
Das Römertor 73
Das Schartentor 75
Die Mönchsbergpforte 77

Historischer Spaziergang durchs alte Salzburg rechts der Salzach
Das Äußere Steintor 81
Das Innere Steintor 85
Die Felixpforte 89
Das Franziskustor 90
Das Innere Ostertor 91
Das Linzer Tor 93
Das Äußere Linzer Tor 96
Das Äußerste Linzer Tor 99
Das Kotbrücktor 100
Das Bergstraßtor 101

Das Mirabelltor 103
Das Tor am Hannibalplatz 105
Die Lederertore 106
Das St.-Andreas-Tor 110
Tränktor am Bade 111

Anhang
Die Abbildungen im Anhang 141
Bildquellen-Nachweis 143
Die Inschriften der Salzburger Stadttore 144
Erklärung der wichtigsten Fachausdrücke 149
Tornamen-Übersicht 150
Anmerkungen 153
Literaturverzeichnis 156

Das große Ziel der Bildung
ist nicht Wissen,
sondern Handeln.

H. Spencer, 1820–1903

Vorwort

Das Antlitz der Stadt Salzburg, die ob ihrer Schönheit gerne als das „deutsche Rom" bezeichnet wurde, ist vor allem vom Barock geprägt. Weniger deutlich sind die Spuren anderer Epochen, von denen die Entwicklung und die Gestalt dieser Stadt bestimmt wurden, zu erkennen; auch die Einheimischen wissen darüber nur wenig zu berichten.

Jahrhunderte hindurch war Salzburg vor allem der Sitz der Erzbischöfe mit ihrem Hofstaat und ihren Eigenleuten. Erst nach der Jahrtausendwende entstand vor der Porta, dem Haupttor der mit Palisaden umgebenen Bischofsburg, eine kleine Ansiedlung von Kaufleuten. Aus ihr ist die Bürgerstadt hervorgegangen, die sich entlang der Flußufer ausdehnte. Der mächtige Dom und die damit verbundene Residenz bestimmten das Bild der romanischen Stadt, die erst 1278 durch Mauern und Tore geschützt wurde. Im Spätmittelalter trat das aufstrebende Bürgertum als Bauherr neben die Erzbischöfe. Der lichtdurchflutete Hallenchor der Franziskanerkirche mit dem prachtvollen Hochaltar des Südtiroler Bildschnitzers Michael Pacher setzte ebenso einen städtebaulichen Akzent wie der großartige Ausbau der Zwingfeste Hohensalzburg. Ein zweiter Mauerring mit zahlreichen Stadttoren sicherte seit dem 15. Jahrhundert das gotische Salzburg, vor allem den Stadtteil am rechten Salzachufer.

Die Umgestaltung Salzburgs zu einer barocken Stadt nach italienischem Vorbild, die Erzbischof Wolf Dietrich von Raitenau in Angriff nahm, haben seine Nachfolger Markus Sittikus und Paris Lodron vollendet. Der Dreißigjährige Krieg zwängte die Stadt in ein Korsett, das uns heute nur noch aus alten Ansichten bekannt ist: Salzburg wurde zur Festung. Im Zuge der mächtigen Bastionen mit Ravelins und Glacis, die dem Vorbild der französischen Festungstechnik folgten, entstanden weitere Stadttore, die den älteren vorgelagert waren. Manche Straßenzüge wie die Linzer Gasse waren daher durch drei aufeinanderfolgende Torbauten gesichert.

Die Periode des inneren und äußeren Verfalls, die Salzburg nach dem Ende der geistlichen Herrschaft (1803) und dem Übergang an Österreich (1816) erlebte, ging erst mit dem Bau der Westbahn und der Aufhebung der Stadt als Festung (1860) zu Ende. Als Kaiser Franz Joseph I. die Festungsanlagen der Bürgerschaft schenkte, begann man sofort jene Bastionen abzutragen und jene Gräben einzuebnen, die so lange ein Wachstum der Stadt verhindert hatten. Auch die Stadttore, die als Hindernis für den modernen Verkehr betrachtet wurden, fielen in rascher Folge der Spitzhacke zum Opfer. Allmählich mehrten sich zwar die kritischen Stimmen, nicht alle diese steinernen Zeugen der Stadtentwicklung einem blinden Fortschrittsglauben zu opfern, aber noch 1894 wurde mit dem Linzer Tor das wohl schönste aller Stadttore beseitigt.

Heute hat sich die Einstellung zu den Salzburger Stadttoren als Denkmäler und Kunstwerke grundlegend gewandelt. Man hat erkannt, welche Werte damals vorschnell vernichtet wurden, und bedauert den unersetzlichen Verlust. Auch das Linzer Tor, dessen wesentliche Bauteile im Salzburger Museum C. A. erhalten geblieben sind, wird wohl kaum wieder aufgeführt werden.

Umso erfreulicher ist es, daß in dem vorliegenden Buch von Walter Kirchschlager nicht nur die heute noch bestehenden Stadttore beschrieben werden, sondern auch die längst verlorenen in Wort und Bild wiederauferstehen. Der Autor, der beruflich in der Fördertechnik tätig ist, stieß vor Jahren zufällig auf den Stich eines alten Stadttores. Das damals geweckte Interesse führte zu einer jahrelangen intensiven Beschäftigung mit diesem Thema. Kirchschlager hat nicht nur die Quellen und die bisher vorhandene Literatur umfassend studiert und gründlich verarbeitet; als Maler und Graphiker hat er auch die verlorenen Stadttore nach alten Vorlagen rekonstruiert und dargestellt. Diese liebevoll gearbeiteten Bilder verbinden sich mit dem einfühlsamen Text zu einem abgerundeten Gesamtwerk. Ein derartiges Buch kann nicht von Wissenschaftern geschaffen werden, sondern nur von einem Künstler, bei dem sich die Liebe zur Heimatstadt und das Interesse an ihrer Geschichte mit der besonderen Ausdrucksfähigkeit in Wort und Bild glücklich verbinden. Damit wird der historische Spaziergang entlang der alten Stadtmauern und Stadttore, zu dem dieses Buch einlädt, für Einheimische und Fremde zu einem unvergeßlichen Erlebnis.

Heinz Dopsch

Einführung

Mauern, Türme und Tore bestimmten im allgemeinen die Umrisse und das Erscheinungsbild einer Stadt im Mittelalter. In Verbindung mit weiteren Befestigungsbauwerken wie Bastionen, Wällen und Gräben wurden wirtschaftliche Kraft einerseits und Verteidigungswille andererseits demonstriert.

Eine herausragende Stellung nimmt in dieser Hinsicht die Stadt Salzburg ein, die bis ins 13. Jahrhundert unbefestigt geblieben und nach dem Chronisten Dückher sogar noch um 1620 ein „bis dahin gleichsam offenes Dorf gewest"[1] ist. Die steilen Felsen des Mönchsberges, die als ein natürlicher Schild im halbkreisförmigen Bogen die Stadt umschließen und bis nahe an die Salzach herandrängen, erübrigten die Umfassung der Stadt mit einer Mauer. Bis zu dieser Zeit dürfte Salzburg nur mit gezimmerten „Planken"[2] und Palisaden umgeben gewesen sein. Erst im Jahre 1278 erhielt die Stadt ihre erste eigentliche Befestigung mit wehrhaften Türmen und Toren.

Stadttore waren stets die Verbindungsstellen zur Außenwelt. Hier mündeten die Fernstraßen in die Stadt, und der Großteil der Landwirtschaft wurde jenseits der Stadtmauern betrieben. Obwohl also für das tägliche Leben unerläßlich, bildeten die Tore jedoch wehrtechnisch zweifellos eine Schwachstelle im Verteidigungssystem. Um nun diesen Mangel auszugleichen und zusätzlich das Vorfeld besser überblicken zu können, wurden in fast allen Fällen Wehrtürme entweder über das Tor gebaut oder beiderseits neben das Tor gesetzt. Wassergräben, Zugbrücken und römische Fallgatter gegen Überraschungsangriffe sowie weitere militärische Einrichtungen sollten zusätzlich abschreckende Wirkung auf die nicht seltenen Angreifer ausüben.

Die Wirksamkeit der Befestigungsanlagen wurde stark von der Beschaffenheit des Baumaterials, stärker aber noch von der Finanzkraft der Stadt bestimmt. Das Baumaterial selbst wurde, um teure und zeitaufwendige Transporte zu vermeiden, aus der Umgebung der jeweiligen Baustelle bezogen. Steinquadern und Werkstücke, mit Kalk und Sand verbunden, lösten die anfällige Holzbauweise des Mittelalters ab.

Im 16. Jahrhundert erreichte die Wehrtechnik bereits einen sehr hohen Standard. Waren ursprünglich einflügelige Tore – häufig mit einer kleinen integrierten Pforte für Fußgänger – mit schweren eisernen Beschlägen und zusätzlicher Holzverriegelung an der Innenseite ausreichend, so entstanden durch die Weiterentwicklung des Befestigungsbaues die auch in Salzburg bekannten Doppeltore und Zwinger. Der oftmals gar nicht kleine Innenraum der Tore diente neben der Kontrolle des Personen- und Warenverkehres vornehmlich Verteidigungszwecken.

Angreifer wurden durch Gieß- und Schußöffnungen in der Gewölbedecke (Schartentor) mit heißem Pech oder Öl überschüttet bzw. beschossen. Eine weitere Verstärkung bedeutete die Errichtung von zwei miteinander verbundenen Torräumen, die in Form eines Zwingers die Bekämpfung der Angreifer aus über dem Tor liegenden Geschossen ermöglichte (Monikapforte/Augustinuspforte). Der Zwinger bildete auch in Form von Pfählen und Mauern eine Art der Torverstärkung (Gstättentor um 1500).

Die Geschichte der Salzburger Stadttore ist mit der Entwicklung der städtischen Befestigungsanlagen untrennbar verknüpft. Mit der

Erweiterung des Befestigungsringes wurden neue Tore gebaut und bestehende verstärkt. Im Jahre 1278 erhielt Erzbischof Friedrich II. von Kaiser Rudolf das Privileg, feste Mauern, Türme, Gräben und Zugbrücken anlegen zu dürfen. Diese erste Stadtmauer nahm ihren Ausgang beim Inneren Nonntaltor und zog sich, das ehemalige Magdalenenspital umschließend, zum Kumpfmühltor, sodann in einem leichten Bogen über Pfeifergasse, Mozartplatz, Waagplatz und Judengasse bis zum Klampferertor und schloß – gleichsam als Rückseite der Getreidegasse – beim Westertor (Gstättentor) die Stadt zum Fluß hin ab.

Auf der anderen Seite der Salzach verlief die Mauer vom Kapuzinerberg herunter zum Inneren Ostertor, schwang sich im Bogen über Königsgäßchen und Lederergäßchen zum Inneren Lederertor und führte von dort den Fluß entlang herauf bis zum Tränktor am Platzl. Südlich schloß die Mauer die Stadt beim Inneren Steintor ab.

Außer den bewachten Stadttoren an der äußeren Stadtmauer bestanden im frühen Mittelalter mehrere Pforten und Torbögen, welche die Grundherrschaften von St. Peter, dem Domkapitel, Nonnberg und der Bürgerstadt begrenzten und jedem Bezirk freien Zugang ermöglichten. Obwohl auch diese Tore versperrt werden konnten – wie z. B. das Tor am Ende der Franziskanergasse zum Frauengarten, das Käsgassentor zwischen Residenz und Franziskanerkirche oder die Pforten von St. Peter –, zählen sie, wie auch einige weitere Tore der inneren Stadt, besonders um den Domhof, den Kapitelplatz und den Residenzplatz, nicht zu den eigentlichen Stadttoren.

Der Bauernaufstand des Jahres 1462, die Türkengefahr 1469 und nicht zuletzt auch das zunehmende Schutzbedürfnis einer wachsenden Bevölkerung bildeten das auslösende Moment für eine Verstärkung der Befestigungsanlagen. Diese zweite Stadterweiterung führte zum Bau des Äußeren Nonntaltores, des Äußeren Lederertores und des Äußeren Steintores. Das Nonnbergtor wurde renoviert. Die drei Tore in Mülln, nämlich das Laufener Tor, das Müllegger Tor und das Wartelsteintor, waren zu jener Zeit bereits vorhanden. Die Stadtmauer wurde nun an diese Tore angeschlossen und der gewonnene Platz für die Besiedelung aufbereitet. Beim Äußeren Nonntaltor rückte man die Mauer bis an das Flußufer hinaus, führte sie aber mit sonst wenigen Veränderungen entlang der Griesgasse bis zum Gstättentor und setzte sie auf dem Mönchsberg als Bürgerwehr fort. Die Rechtsstadt dagegen erfuhr durch die neue Befestigung eine wesentliche Ausdehnung. Die Stadtmauer umschloß nämlich um 1480 das Gebiet zwischen Linzertor, Hexenturm und Bergstraßtor (Lodronbogen) und zog sich über den Mirabellgarten bis zum Äußeren Lederertor, heute gegenüber dem Österreichischen Hof in der Theatergasse. Das Äußere Steintor bildete somit die neue südliche Stadtgrenze.

Der Dreißigjährige Krieg schließlich führte zur dritten und wohl umfangreichsten Befestigungsbautätigkeit in Salzburg, und zwar zwischen 1620 und 1646 unter Erzbischof Paris Lodron. Gewaltige Basteien und Schanzen wurden erbaut, die Stadtberge senkrecht behauen und damit nahezu unbezwingbar gemacht, eine neue Stadtmauer vor den alten Ring gestellt und Stadttore nach damals neuesten militärischen Erkenntnissen gebaut oder verstärkt.

Nach Abschluß der umfangreichen Arbeiten bildeten die Bastionen vom doppelten Linzer Tor am Kapuzinerberg über das Mirabelltor bis an die Salzach eine kaum einzunehmende Verteidigungsanlage. Die Innenstadt wurde mit einer durchgehenden Befestigung – vom alten Nonntaltor im Osten über Kajetanertor,

Michaelstor und den Fluß abwärts bis zum Klausentor – geschützt. Monikapforte und Augustinuspforte am Mönchsberg sowie die Felixpforte am Kapuzinerberg sind heute noch eindrucksvolle Zeugen dieses besonders durch den italienischen Festungsbaumeister Santino Solari beeinflußten Bauabschnittes in der Geschichte Salzburgs.

Neben ihrer bedeutenden Verteidigungsfunktion erfüllten die Tore auch wichtige Aufgaben für Wirtschaft und Verwaltung einer Stadt.

Der jeweilige Fürst – auch Stadtherr –, dem zum Zeichen seiner Torgewalt beim Einzug in die Stadt die Torschlüssel überreicht wurden, gab die Anweisungen für das Verhalten der beeideten Torbewachung[3]. Um 1484 waren für die Bewachung der Stadt Salzburg sechs Torwachen verantwortlich. Darüber hinaus waren vier Wachen entlang der Mauer um die Rechtsstadt, vier Nachtwächter in den Stadtvierteln, weiters zwei Türmer auf dem Rathausturm und ein Zaunmeister, der die Wachen entlang der Mauer kontrollierte, für die Sicherheit der Stadtbewohner zuständig. In Krisenzeiten wurden außerdem vier Wächter auf dem Mönchsberg, zwei Wachen bei der Bastei am Äußeren Ostertor, je ein Wächter am Nonnbergtor und bei der Mönchsbergpforte sowie Tag und Nacht vier Kundschafter in der Stadt aufgestellt[4].

Neben der gewissenhaften Bewachung und Sperre der Tore – im Sommer von 21.00 bis 5.00 Uhr und im Winter von 20.00 bis 6.00 Uhr – wurde der Beobachtung ein- und ausreisender Personen großes Augenmerk geschenkt und auffälliges Verhalten sofort an den Stadtrichter oder Bürgermeister gemeldet. Unter diese Art Überwachung fielen auch persönliche Fragen wie die nach dem Glaubensbekenntnis (unter Erzbischof Leopold Anton von Firmian) oder nach Krankheiten (in Zeiten häufiger Epidemien und Seuchen). Zu Pestzeiten wurden die Torwachen an den Haupttoren verdoppelt und an verschiedenen Zugängen, besonders aber an den Tränktoren und Pforten entlang der Salzach, zusätzliche Wächter postiert. Bei besonderen Vorfällen, egal ob zur Tagzeit oder in der Nacht, wurde sofort nach dem Stadtrichter oder Bürgermeister gerufen, der dann an Ort und Stelle die entsprechenden Verfügungen zu treffen hatte.

Auch für die Feuerbekämpfung waren die Stadttore von Bedeutung. Dazu wurden die Vorstädte in verschiedene Regionen, nämlich vor dem Kajetaner-, Neu-, Klausen-, Mirabell-, Linzer und Steintor eingeteilt. Die Feuerwache befand sich auf der Festung im Trompeterturm, der unter Leonhard von Keutschach für diese Zwecke umgebaut wurde. Fahnen bei Tag und Laternen bei Nacht signalisierten den Ausbruch von Bränden zur Hauptwache hinunter und zeigten optisch und akustisch an, wohin die freiwilligen Feuerwehren zu dirigieren waren.

Sollte auf der Festung selbst Feuer ausbrechen, waren vier Kanonenschüsse abzugeben, ein Brand in der Stadt wurde mit drei Schüssen signalisiert, für die Vorstädte genügten zwei, und bei Feuer im Burgfriedsbereich wurde ein Schuß ausgelöst. Erst 1925 verbot man dieses Warnsystem, nachdem beim Auslösen eines Vorderladers (der heute vor dem Rainermuseum steht) dem Kanonier ein Arm abgerissen worden war. Heute alarmiert ein zentrales automatisiertes Brandmeldesystem die Berufsfeuerwehr im Bruderhof, der außerdem die Zentrale des Roten Kreuzes beherbergt.

Eine Hauptaufgabe kam dem Stadttor jedoch als Zoll- und Mautstelle zu. Genaue Mautordnungen, die im Rathaus und in den Mauthäusern angeschlagen waren, regelten die Tarife, Ausnahmen und Strafen für ein ganzes Register von Waren, angefangen von Wein, Gewürzen und Metallen bis zu Stoffen oder „Berchtersgadner Holtzarbeit"[5]. Ausgenommen davon war unter anderem das Holz, das die Holzkramer auf dem Rücken tragen konnten und das nach der Mautordnung von 1599 keine Abgaben erforderte. Der Torwart, der als Entgelt für seine Tätigkeit im Torhaus das Wohnrecht hatte, war dem Mauteinheber bzw. seinem Gegenschreiber unterstellt und gab den Weg erst nach ordnungsgemäßer Abfertigung frei, es sei denn, ein Passant konnte eine besondere „Begnadung" oder einen „Paßbrieff"[6] vorweisen. Die Bürger der Stadt selbst waren von allen Maut- und Zollabgaben befreit[7].

Wenn es auch für die Errichtung der Tore im Laufe der Zeit unterschiedliche Finanzierungsformen gab, und während des Dreißigjährigen Krieges das gesamte Kriegs- und Festungswesen in den Händen der Erzbischöfe lag, so trugen doch häufig die Bürger den größten Teil der Last. Die Beistellung des Torwächters (von einigen Ausnahmen abgesehen) sowie die Bewachung und Erhaltung der Tore waren stets Angelegenheit der Stadt bzw. deren Bürger; ebenso die Pflege und Instandsetzung aller innerhalb des Burgfriedens bzw. der Stadtgrenze liegenden Wege.

Wenn Stadttore der frühen Zeit auch in der Bauausführung und der äußeren Gestaltung als blockartige Tortürme mit Flachdächern und Zinnen unmißverständlich auf den Zweck ihrer Errichtung hinwiesen, so findet man bei den Stadttoren der dritten und letzten Stadtbefestigung zwischen 1620 und 1646 unter dem hochfürstlichen Hofbaumeister[8] Santino Solari doch ein sehr starkes dekoratives Element in den Fassaden, welche durch imponierende Gliederung und kunstvolle Architektur äußerst repräsentativ wirken.

Monikapforte und Augustinuspforte am Mönchsberg sind für diese Art des Befestigungsbaues typische Beispiele. Obwohl sie mitten in der Zeit des Dreißigjährigen Krieges und unter großem Zeitdruck gebaut wurden, haftet ihnen keineswegs der Charakter eines nüchternen, nur für den momentanen Zweck bestimmten Nutzbaues an, vielmehr erfüllen sie auch alle ästhetischen Anforderungen des damaligen wie des heutigen Betrachters.

Für die Benennung der Tore war häufig der Standort ausschlaggebend. Tornamen wie „Gstättentor", „Kumpfmühltor" oder „Linzer Tor" waren für sich schon eindeutige Begriffe, die keiner näheren Erklärung bedurften und daher in der Bevölkerung tief verwurzelt waren.

Die Bezeichnung nach den Himmelsrichtungen war dagegen für die Stadttore Salzburgs nicht gebräuchlich. Bis auf das „Ostertor" in der Linzergasse und das alte „Westertor" (später Gstättentor) wurden solche Namen nicht verwendet.

Stadttore haben im Laufe ihrer Geschichte häufig die Namen gewechselt. Örtliche Lage, Funktion und Besitzverhältnisse beeinflußten die jeweilige Bezeichnung. So wurde aus dem ehemaligen „Oberen Tränktor" das „5. Brückentor", dann der „Wolf Dietrichbogen" und daraus der uns heute bekannte „Löchlbogen".

Markus Sittikus wiederum begann, den Stadttoren die Namen von Heiligen zu geben, ein Brauch, der von Paris Lodron übernommen wurde. Sofern Tore neu erbaut wurden wie z. B. das „Michaelstor", die „Monikapforte" oder die „Felixpforte", haben sich diese Namen schnell eingebürgert. Dagegen konnten sich „St. Virgil" für das Mirabelltor oder „St. Johannes" für das Steintor nur sehr schwer durchsetzen. Selbst St. Sebastian vermochte, trotz unmittelbarer Nachbarschaft

14

von Kirche und Friedhof, das „Linzer Tor" nicht zu verdrängen.

Neben den bewachten Tortürmen und Stadttoren spielten die Tränktore[9] in der Stadtmauer, entlang der Salzach, eine wichtige Rolle. Sie entstammen einer Zeit, in der die Stadt nur wenig oder noch nicht ausreichend mit fließendem Brunnenwasser versorgt war und auch die Pump- bzw. Schöpfbrunnen den Wasserbedarf für die Bevölkerung und Landwirtschaft oder Viehzucht bei weitem nicht decken konnten.

Besonders zur Zeit der Märkte, wenn eine größere Anzahl an Pferden oder Rindern in die Stadt kamen, wurden die Tiere durch diese Mauerdurchlässe hinunter an den Fluß zum Tränken geführt. Es ist anzunehmen, daß auch bei Feuersgefahr die Wasserbeschaffung zur Brandbekämpfung durch diese Tore erfolgte. Das mag wohl auch dazu geführt haben, daß die schmalen Gäßchen vor den Toren, wie z. B. das Sterngäßchen oder der enge Weg zum Pförtlein im Lederertor, auch „Feuergänge" genannt wurden. Als Tränktore wurden in jener Zeit alle Flußzugänge bezeichnet, mit Ausnahme des jeweiligen Brückentores. Bis auf das Kumpfmühltor – der Kai an dieser Stelle zählt zu den ältesten Flußzugängen der Stadt – waren die Tränktore weder bewehrt noch bewacht und auch nicht für den Wagenverkehr bestimmt. Nachts wurden die Tore mit einfachen Türen verschlossen.

Zu den bekanntesten Tränktoren der Stadt zählten das Kumpfmühltor vor 1300, der Rathausbogen vor 1600, der Löchlbogen bis 1600 als Oberes Tränktor, das Niedere Tränktor im Sternbräuhof und das Tränktor am Stellnerhaus beim heutigen Platzl. Darüber hinaus gab es natürlich noch viele weitere kleine Türlein, die dem praktischen Bedarf der Bevölkerung entsprangen und häufig nach Haus- und Straßennamen oder einer benachbarten Lokalität benannt wurden, so z. B. das Türlein beim Laubinger (Höllbräu), ein Gittertor beim bürgerlichen Getreidemagazin neben der Ursulinenkirche (heute Museum) oder das wenig beschriebene Wassertor zwischen den beiden Steintoren.

Das Aufheben des Festungscharakters der Stadt, das Wegfallen der Viehmärkte im Stadtzentrum, die Salzachregulierung, zunehmende Verschmutzung des Flußwassers durch vorgelagerte Orte, aber natürlich auch die zentrale Versorgung der Stadt mit Wasser aus der neuen Fürstenbrunner Wasserleistung ab 1875 bewirkten die Auflösung der über viele Jahrhunderte für die Bevölkerung der Stadt so wichtigen Tränktore. Die Pferdeschwemmen versorgten die in der Stadt verbliebenen Tiere weiter mit dem nötigen Wasser.

Trotz umfangreicher Beschreibungen der Geschichte Salzburgs ab dem Mittelalter bleibt das Aussehen der Stadt vor Mitte des 13. Jahrhunderts und damit auch einiger Tore bis auf geringe Ausnahmen unerforscht und im dunkeln.

Sei es nun das Wartelsteintor in der Augustinergasse, über das nur sehr wenig bekannt ist, oder zwei Ausfallstore[10] auf dem Mönchsberg, die bei der Richterhöhe in der Nähe des Falkenturmes um 1640 bzw. gegen die Bucklreuth nahe dem Kapitelturm 1552 erwähnt werden.

Um 1602 wird im Verlaufe von Ratsverhandlungen (Stadtrat) über ein Maximilians- und Florians-(Stadt-)Tor[11] berichtet; weiterführende Hinweise lassen sich aber nicht ausfindig machen. Vorsichtige Vermutungen könnten in Verbindung mit dem Florianibrunnen auf dem Alten Markt den Gedanken entwickeln, daß dem Klampferertor am Ausgang des Marktplatzes seinerzeit dieser Heiligenname zugeteilt wurde.

Ebenso in den Bereich der Mutmaßung einzuordnen ist die Annahme, daß der alte Weg südwestlich des Mönchsberges, von Nonntal durch das „Römertor"[12] über die Riedenburg (heutige Sinnhubstraße), nach Maxglan den Namen Maximilian erklären könnte. Auch über ein vermutetes Tor zwischen dem Bürglstein und dem Kapuzinerberg gibt es fast keine Berichte[13].

Somit kann – trotz gewissenhafter Recherchen und umfangreichen Quellenstudiums – auch dieses Buch den Anspruch auf Vollständigkeit und wissenschaftliche Lückenlosigkeit nicht stellen. Das aber liegt auch nicht in seiner Absicht. Vielmehr ist es die Verbundenheit zur Stadt Salzburg und ihrer gewachsenen und unverwechselbaren Erscheinung, die dieses Buch entstehen ließ und die durch dieses Buch vielleicht geweckt werden kann. Ebenso spricht aus der weiteren Literatur, die für diese Arbeit zu Rate gezogen wurde, viel mehr als nur die Vermittlung von Fakten über die frühe Geschichte Salzburgs. Die Sorge um einen endgültigen „Verlust auf Raten" ist vielerorts unverkennbar.

Das Teilen dieser Sorge, aber auch die tiefe Hoffnung auf einen breiten Wandel in der Einstellung zu diesem „geborgten Kunstwerk Salzburg", hin zu einer bewahrenden Sorgsamkeit, bildeten das Motiv, den Salzburger Stadttoren und ihrer wechselvollen Geschichte dieses Buch zu widmen, das dem Leser helfen will, innezuhalten und sich bewußt zu werden seiner großen Verantwortung für ein reiches Erbe.

W. K.

Das Nonnbergtor

Historischer Spaziergang durchs alte Salzburg links der Salzach

Unseren historischen Spaziergang entlang den alten Stadtmauern wollen wir an einem der vielen „schönsten Plätze" Salzburgs beginnen. Wir wandern entweder von der Altstadt kommend über den Hohen Weg oder aber von Nonntal her die Nonnberggasse hinauf und gelangen so an einen überaus geschichtsträchtigen Ort:

Das Äußere Nonnbergtor

Unter den Salzburger Stadttoren nimmt dieses äußere Tor am Nonnberg einen ganz besonderen Rang ein, und dies nicht nur im Hinblick auf sein hohes Alter.

Südlich der Stiftskirche schließt es seit 1480 den inneren Klosterbezirk der ältesten deutschen Benediktinerinnenabtei gegen die damalige Vorstadt Nonntal ab.

Erbaut wurde das Frauenkloster um 700 n. Chr. von Rupert, dem Gründer und ersten Bischof von Salzburg, für seine Nichte, die heilige Erentrudis.

Das Tor selbst wurde zum Schutz der Äbtissin und der im Kloster befindlichen Frauen errichtet, war jedoch immer in städtischem Besitz. In der Stadtordnung von 1523 ist zu lesen: „Das Nunbergtor hat seine fürstl. Gnaden selbst einem Bürger zu schließen übertragen und die Äbtissin und ihre Leut durchzulassen"[14], wofür die Äbtissin Zins an die Stadt zu zahlen hatte. 1673 verpachtete die Stadt das Tor an das Kloster als Wohnung für einen der Klosterdiener.

Durch das Äußere Nonnbergtor kehrte Wolf Dietrich in der Nacht vom 22. auf den 23. November 1611 nach Salzburg zurück, nachdem seine Flucht gescheitert war. In Begleitung eines Arztes und seines Kammerdieners wurde er in der Kutsche eines bayerischen Obersten von Werfen abgeholt und unter Bedeckung von 50 Musketieren morgens um fünf „hinauf zum Nunnberger thor und an dem hochen Weg hinumb und auf das Hauptschloß auf ainer Gutschen mit 6 Pfärten gefürt..."[15] Am 7. März 1612 resignierte Wolf Dietrich in der Sakristei der Stiftskirche.

Das Aussehen des Tores hat sich im Laufe der Jahrhunderte mehrmals verändert. 1640 wurde es unter Paris Lodron erneuert und nach außen mit einem Gattertor sowie einer Fallbrücke über einen tiefen Graben geschützt. Um 1735 wies das Tor ein Grabendach mit zwei Türmchen an den südlichen Gebäudeecken auf, welche auch zugleich die Funktion von Kaminen hatten. Zwischen Anfang und Mitte des 19. Jahrhunderts führten weitere Veränderungen zu dem jetzt bekannten Aussehen: Das in ein Wohnhaus umgestaltete Tor trägt ein flaches Zeltdach, eine Steintreppe an der Innenseite führt hinauf zu dem natursteinumrahmten kleinen Eingangstor.

Aus dem Schatten des Inneren Nonnbergtores tretend, steigen wir auf unserem Spaziergang die steile Nonnbergstiege hinab, die uns zur Kaigasse führt. Stadtauswärts, also nach rechts gewendet, gelangen wir schon nach wenigen Schritten – dort, wo sich der Kajetanerplatz öffnet – an den Standort eines sehr alten Tores.

Das Innere Nonntaltor

Im Zuge der Errichtung der ersten Salzburger Stadtmauer um 1280 in der Form eines Torturmes erbaut, war es eine wichtige Nahtstelle zwischen dem Kaiviertel bzw. dem bis zum Fluß reichenden Kaufmannsviertel an der Porta und dem Nonntal, darüber hinaus die Kontrollstation für den gesamten Verkehr nach dem Süden.

Das Innere Nonntaltor stand am Ende der Kaigasse (heute Nähe Kajetanerplatz 5) nahe am seinerzeitigen Kaltbierhaus und bildete bis zur Mitte des 15. Jahrhunderts den Abschluß der Stadtmauer am Fuße des stadtseitigen Nonnberges.

Im Mittelalter reichte das Ufer der Salzach bis an die Abhänge des Nonnberges und ließ gerade noch Platz für die Straße. Der Straßenzug Kajetanerplatz – Pfeifergasse – Mozartplatz – Waagplatz – Judengasse – Gstättengasse markierte die Grenze, bis zu der man, vor dem Hochwasser der Salzach relativ sicher, gefahrlos siedeln konnte.

Schon die erste Stadtmauer umschloß das nahegelegene und den damaligen Platz beherrschende Magdalenenspital samt der angeschlossenen Kirche, die 1122 unter Erzbischof Konrad dem hl. Laurentius geweiht wurde. Später, um 1506, kam als zweiter Patron die hl. Magdalena dazu. 1591 wurde das Spital in ein Priesterseminar umgewandelt, bevor es seine endgültige Bestimmung als Krankenhaus der Barmherzigen Brüder erhielt.

Später wurde dann die Stadtmauer – unterbrochen durch einen nach Norden gerichteten Wachturm – um den Platz des heutigen Justizgebäudes herum bis zum Äußeren Nonntaltor weiter gebaut. Die für das Jahr 1644 geplante Errichtung des Erentrudistores und die damit verbundenen Verkehrsmaßnahmen führten schließlich dazu, daß das Innere Nonntaltor, früher auch Innere Nonntalklause, bereits 1640 abgetragen und auch nicht mehr ersetzt wurde.

Wenn wir nun den Kajetanerplatz an seiner dem Berg zu gelegenen Seite überqueren und dem südlichen Ausgang – der Schanzlgasse – zustreben, erreichen wir nach kaum zweihundert Schritten ein Gasthaus, das dem Justizgebäude direkt gegenüberliegt. Dies ist der Ort, an dem ein weiteres altes Tor vor Zeiten seine Dienste tat.

Das Äußere Nonntaltor

Heute nur noch wenigen bekannt, ist das 1465 erbaute Äußere Nonntaltor, genannt auch Äußere Klause oder Nonntalerklause. Dieses Tor bildete den südlichsten Punkt der Stadtbefestigung Salzburgs, die unter den Erzbischöfen Burckhard von Weißbriach (1461–1466) und Bernhard von Rohr (1466–1482) aufgrund der akuten Feindesgefahr durch die Türkeneinfälle verstärkt wurde.

Das Stadttor befand sich zwischen dem Haus Schanzlgasse 14 und dem heutigen Justizgebäude (Gefangenenhaus). Der Gelehrte Alexander von Humboldt, als Salzburg-Verehrer hinlänglich bekannt, verbrachte in diesem Haus den Winter 1797/98, bevor er zu seiner großen Südamerikaexpedition aufbrach.

Von der Kaigasse und der anschließenden Schanzlgasse (damals „Unterer Nonnbergweg")[16] führte ein Weg durch das Tor um den vorspringenden Felsen des Nonnberges herum in die heutige Nonntaler Hauptstraße („Untere Zeil")[17]. Diese Straße war für den Handel von großer Bedeutung, wickelte sich doch auf ihr der gesamte Warenverkehr nach dem Süden in die Gebirgsgaue, nach Berchtesgaden, aber auch der Fernverkehr über Villach bis nach Venedig ab. Ein weiterer Weg, der sogenannte „Fürstenweg"[18], führte über Freisaal und durch die heutige Hellbrunner Allee eben dorthin. Neben dieser wirtschaftlichen Funktion kam dem Tor auch als Ehrenpforte Bedeutung zu, denn Schlüsselüberreichung, Kanonenschüsse und Glockengeläute gehörten damals zum Zeremoniell eines feierlichen Einzuges der neugewählten Erzbischöfe.

Über das äußere Erscheinungsbild des Tores gibt es nur wenig gesicherte Anhaltspunkte. Alte Stadtansichten aus den Jahren 1500 und 1565 belegen jedoch übereinstimmend, daß über der 11,6 m langen, 4,5 bis 6 m breiten und etwa 4,5 m hohen tonnenartigen Tordurchfahrt ein einstöckiger turmartiger Aufbau mit drei Fenstern an der Breitseite bestanden hat.

Zu ebener Erde lag neben der in der Mitte ausgebuchteten Tordurchfahrt das sogenannte „Torstübl"[19], ausgebildet als halbkreisförmiges Türmchen mit Schießscharten. Es ermöglichte die Beobachtung der Vorgänge vor dem Tor, wenn dieses geschlossen war, bot aber darüber hinaus auch dem Torhüter und der aus Landsknechten bestehenden Torwache Schutz vor den Unbilden der Witterung.

Als Baumaterial für das Tor waren sorgfältig behauene Nagelfluhquadern verwendet worden. Die zur Mitte hin geneigte Fahrbahn war mit großen Kugelsteinen belegt, welche den nahen Salzachgeschieben entnommen worden waren. Eine Zugbrücke über den Nonntaler Bach (auch: Hellbrunner Bach), der hier in die Salzach mündete, erhöhte die Wehrhaftigkeit dieses Tores.

In unmittelbarer Nähe des Tores befand sich übrigens die Schießstätte der Bürgerschaft, auch Stachel- oder Armbrustwiese genannt, welche die Schützengesellschaft später an den Handelsmann Johann Kurz verkaufte. Als Ersatz wurde eine neue Schießstatt vor dem Mirabelltor errichtet.

Im Zuge der Erweiterung der Stadtbefestigung von 1644 wurde der Bau des Kajetaner- oder Erentrudistores beschlossen und die Schanze aufgeschüttet. Nachdem aber nun der gesamte Verkehr durch dieses neue Tor geführt werden konnte, wurde dem Nonntaltor damit seine Funktion genommen. Das bereits vermauerte alte Tor wurde im Jahre 1645 jedoch nicht abgebrochen, sondern nur zugeschüttet. Diesem Umstand ist es zu verdanken, daß das Tor, wenn auch unter der Erde, erhalten blieb. (Eine ausführliche Beschreibung samt Skizzen über das Nonntaltor, über dessen Geschichte und Zustand übrigens der Salzburger Altbürgermeister Gustav Zeller im Rahmen der Gesellschaft für Salzburger Landeskunde einen aufschlußreichen Vortrag hielt[20], stammt aus dem Jahre 1901.)

Nach der Aufschüttung im Jahre 1645 wurde das über dem Tor befindliche Stockwerk abgetragen und erst im späten 18. Jahrhundert ein Haus darüber errichtet. Das Torgewölbe diente dabei als Keller. Ein Eisengitter im Straßenniveau gab einen Hinweis darauf, daß ein Tornebenraum einst als Eiskeller Verwendung gefunden haben mag. Im Pflaster der Fahrbahn entdeckte man tiefe Gleisspuren, wie sie von den Rädern der Fuhrwerke verursacht wurden. Darüber hinaus waren starke Einkerbungen in den Quadersteinen erkennbar, hervorgerufen durch die Stangenwaffen der Torwache. Die gänzliche Freilegung des Tores, die weitere Aufschlüsse besonders über die stadtauswärts gelegene Seite gegeben hätte, wurde bedauerlicherweise nicht mehr realisiert.

Der Standort des Äußeren Nonntaltores ist heute leider nicht mehr frei zugänglich. Das Gebäude über der ehemaligen Nonntaler Klause dient heute dem Landes-Kindergarten als Heimstätte. Über das Kellergeschoß betritt man das eindrucksvolle hohe Tonnengewölbe, dessen Südportal durch eine Doppelflügeltüre abgeschlossen ist. Ein halbrunder Schacht, dem Portal vorgebaut, ermöglicht die Erhellung des Torraumes mit Tageslicht, linker Hand der schon beschriebene, nahezu unversehrt erhalten gebliebene Turmanbau mit den tiefen Schießscharten bzw. Gucklöchern.

Über der ehemaligen Wehranlage befindet sich der Spielplatz des Kindergartens. Der erwähnte Schacht, der bis zum oberen Schanzenniveau reicht, erlaubt uns noch einen letzten Blick auf den südlichen Ausgang dieses einst so wichtigen Tores.

Das Kajetanertor

Die Schanzlgasse nach links in Richtung zum Flusse hin verlassend, umrunden wir die mächtige Anlage des Justizgebäudes, tauchen kurz ein in das lärmende Verkehrsgewühl am Rudolfsplatz, dem wir jedoch – mit einer weiteren Linkswendung zurück zum Kajetanerplatz – sogleich wieder entfliehen. Noch vor etwa 110 Jahren hätte hier eines der wichtigsten und schönsten Tore der Stadt unseren Schritt gehemmt.

Das Kajetanertor

Nach den Regeln modernster französischer Festungsbaukunst wurde im Jahre 1644 das Kajetanertor (früher auch Erentrudistor) als Ersatz für die beiden Nonntal-Klausen erbaut. Damit wurde es neben dem Steintor, dem Klausentor und dem Linzertor zu einem der Haupttore der Stadt, flankiert von der alten Fronfeste (heute Justizgebäude) und dem Militärspital (Barmherzige Brüder). Ab 1644 führte durch dieses Tor die Hauptstraße nach Hallein, Golling, Werfen und von da aus in den Lungau. In umgekehrter Richtung stellte es die wichtigste Kontrollstation für den gesamten Personen- und Güterverkehr aus dem Süden dar.

Eingebunden in das Konzept der dritten umfassenden Stadtbefestigung, wurde das Tor von Santino Solari 1644 unter Erzbischof Paris Lodron fertiggestellt. Errichtet aus Sandsteinquadern, die Torpfeiler mit Marmor verkleidet und die Außenseite mit wehrhaften Palisaden versehen, zählte das Kajetanertor nach vielen übereinstimmenden Beschreibungen zu den schönsten der Stadt. 1704 wurde es unter Johann Ernst Thun mit einem Fallgatter versehen, eine Zugbrücke über den Nonntaler Bach wurde vorgelagert. Unaufhörliche Regenfälle führten zwischen dem 23. und 26. Juni 1786[21] zu einer großen Überschwemmung, die das Gebiet vom Löchlbogen über das Kumpfmühltor herauf bis zum Kajetanertor unter Wasser setzte. Erst ab 1845 führte dann der Weg über eine feste Brücke durch das Tor.

Neue Verkehrspläne und die rasche Aufschließung der Vororte, die Gestaltung des Rudolfs-Kais sowie der Bau der Nonntaler Brücke (Karolinenbrücke) führten zu radikalen Entscheidungen. Kritische Stimmen gingen unter. Am 9. Jänner 1873 wurde das Tor für den Verkehr gesperrt und der Spitzhacke[22] preisgegeben.

Mit dem Abbruch dieses prächtigen Tores und in der weiteren Folge mit der Verbauung des Geländes der alten Fronfeste wurde eine große Chance zur Erhaltung eines für Salzburg so wertvollen, mittelalterlichen Stadtteiles versäumt. Aus heutiger Sicht, die auf die Verkehrsberuhigung in der Altstadt abzielt, wäre eine Lösung, die auch die Erhaltung dieses Stadttores berücksichtigt hätte, durchaus realistisch gewesen. Die Uhren damals aber gingen anders. Heute erinnern nur noch wenige Fotografien und Graphiken an das Kajetanertor, welches einstmals den Kajetanerplatz zur Salzach hin abschloß, als Teil einer beeindruckenden Einheit von Festung, Nonnberg und dem anschließenden Kaiviertel.

Seitlich der Kajetanerkirche führt uns die Pfeifergasse zunächst an die Rückseite des Chiemseehofes – den Sitz der Landesregierung –, vorbei am Haus Pfeifergasse 11, dessen Inschriftentafel uns auf den Arzt Paracelsus als einen früheren Bewohner hinweist, bis zum berühmten Papagenoplatz mit seinem charakteristischen Brunnen. Rechter Hand zeigt nach ein paar Schritten die Basteigasse ein schönes Stück der noch erhalten gebliebenen, alten Stadtmauer.

Das Kumpfmühltor

Als eines der ältesten Tore unterbrach es beim Haus Pfeifergasse 11 hinter der ehemaligen HTBL (Höhere Technische Bundeslehranstalt) die Stadtmauer und eröffnete für die Schiffahrt und die vor der Mauer befindlichen, landwirtschaftlich genutzten Anlagen die Verbindung mit der Stadt, als Tränktor für das Vieh besaß das Kumpfmühltor nicht minder große Bedeutung.

Erbaut um die erste Jahrtausendwende, erhielt es seinen Namen von einer dicht am Tore angebauten Mühle, die von einem unterschlächtigen Wasserrad angetrieben war. Diese Art von Mühlen, die im 14. und 15. Jahrhundert vorzugsweise Verwendung fanden, trugen die Bezeichnung „Kumpfmühle". Gespeist wurde die Mühle von jenem Almbachkanal, der die Stiftsmühle in St. Peter in Bewegung hielt und der die Pferdeschwemme am Kapitelplatz bis 1966 noch mit Wasser versorgte.

1516 bis 1538 im Besitze des Wolfgang Püchler, diente das Haus Pfeifergasse 11 als erste Wohnstätte für Theophrastus Paracelsus von Hohenheim. In unmittelbarer Nähe befand sich das sogenannte „Rappelbad", dessen Bestand sich bis 1304 zurückverfolgen läßt.

Aus alten Ansichten läßt sich ersehen, daß die architektonische Gestaltung des Tores im 16. Jahrhundert weit über die zu erfüllende Funktion hinausging und damit das Kumpfmühltor in der Häuserreihe vom Rathaus flußaufwärts eine repräsentative Erscheinung bildete, ein mehrstöckiges blockartiges Gebäude mit zinnengekröntem Dach. Da von dieser Flußseite her kaum feindliche Angriffe zu erwarten waren, ist eine attraktive Bemalung des Hauses nicht auszuschließen.

Außerhalb des Tores, am jetzigen Rudolfs-Kai, fanden sich große Sandbänke, die sich bis zum Künstlerhaus hinzogen. Im Laufe der Zeit entstanden auf diesem Schwemmland Gartenanlagen mit ein- bis zweigeschossigen kleinen Wohnhäusern, meist umgeben von Obstbäumen und Gemüsebeeten. Die Bewohner umzäunten ihren Besitz und nannten dieses Gebiet „das Paradayß vor dem Kumpfmühlentor"[23]. Dieser Abschnitt am linken Ufer der Salzach fiel aber relativ früh der Erschließung zum Opfer.

Flußaufwärts führte der Weg vom Tore weg zu den beschriebenen Gärten und Feldern, flußabwärts gelangte man zu einer offenen Stelle am Fluß oder aber die Kaimauer entlang bis auf die Höhe des heutigen „Höllbräus". Hier öffnete sich ein Hausdurchgang zum Waagplatz bzw. in die Judengasse. (Zu dieser Zeit lag die Hauptbrücke gerade vor dem Klampferergäßchen.) Das Kumpfmühltor wurde 1645 unter Erzbischof Paris Lodron vermauert, da bereits seit 25 Jahren das bewachte Michaelstor für die Verbindung der immer dichter werdenden Verkehrswege diesseits und jenseits der Stadtmauern sorgte.

Der mittelalterliche Charakter der Pfeifergasse blieb im Vergleich zu anderen Stadtteilen über einen ungewöhnlich langen Zeitraum erhalten – bis 1944. Am 16. Oktober jenes Jahres erfolgte der erste Luftangriff auf Salzburg. Die traurige Bilanz: 244 Tote an diesem Tag und ein Bombenteppich über das Kaiviertel, dem die Pfeifergasse fast vollständig zum Opfer fiel[24].

Den Kai flußabwärts, somit in Richtung auf die Altstadt zu, erreichen wir nach kurzer Strecke als Visavis des Mozartstegs den alten Standort eines Tores, um dessen Fehlen heute viele trauern – wurde es doch in schwer verständlicher Euphorie vermeintlichen Verkehrserfordernissen allzu rasch geopfert. Die Lücke, die dadurch entstand, ist für den heutigen Betrachter klar erkennbar.

Das Michaelstor

Dem heiligen Michael geweiht, war es das erste Tor, welches auf der linken Salzachuferseite zwischen 1620 und 1630 im Rahmen der neuen Befestigungsanlagen fertiggestellt wurde. Zuvor hatte hier nur ein breiter Weg über einen Damm, vorbei an der Cajetaner-Schanze bis zu den äußeren Barrieren des Nonntaltores, geführt.

Die Vorbereitungen für die Errichtung des Michaelstores traf noch Erzbischof Wolf Dietrich. Es war eingebunden in die großen baulichen Veränderungen des gesamten Stadtteiles. Wolf Dietrich hatte die Häuserzeile Pfeifergasse 9 bis Mozartplatz 4 und auch einen Teil der gegenüberliegenden Häuser bereits niederreißen lassen. Bei seinem erzwungenen Rücktritt hinterließ er einen wüsten Platz (Zillner), und erst Erzbischof Paris Lodron brachte unter der Ausführung seines Architekten und Baumeisters Santino Solari den Mozartplatz und die Pfeifergasse in die heute bekannte Gestalt.

Das Tor selbst setzte sich zusammen aus dem bis heute erhalten gebliebenen Zeugwartstöckl (auch Wachhaus) und dem eigentlichen Torhaus. Dies war ein etwas langgestreckter dreigeschossiger, niedriger Bau mit Satteldach, der bis zu den gegenüberliegenden Domherrenhäusern (von Santino Solari errichtet und an die Domherren vermietet) bzw. der angrenzenden Stadtmauer reichte.

Die Fassaden dieser Anlage waren einfach ausgebildet, die Torpfosten aus schlichten Nagelfluhquadern erbaut.

Vor dem Stöckl stand bis zum Sommer 1842 der Michaelsbrunnen. Bis zu dieser Zeit diente auch der heilige Michael als Namenspatron für den vor dem Tor befindlichen Platz.

Aus militärischer Sicht zählte das Michaelstor nicht zu den klassischen Stadttoren. Da sich in unmittelbarer Nähe, nämlich im Dikasterien-Neubau am Residenzplatz (heute Heimatwerk), die Hauptwache befand, wurde die Wache für das Michaelstor direkt von der Hauptwache gestellt. Diese war darüber hinaus auch verantwortlich für den Patrouillendienst innerhalb der Stadtmauern, für die Posten der beiden Residenztore sowie für eine Wache an der Ecke zwischen Residenzplatz und Altem Markt. 1849 wurde der Michaelsplatz in Mozartplatz umgetauft.

Am 7. Februar 1867 begannen die Abbrucharbeiten[28], das Torhaus wurde als eines der ersten Tore im Zuge der Stadterneuerung demoliert; das Stöckl aber und der übrige Teil des Platzes sind uns aus dieser Zeit nahezu unverändert erhalten geblieben.

Vom ehemaligen Stadttor hinüber zum Gisela-Kai wurde der Mozartsteg errichtet, der am Sonntag, dem 29. März 1903, mit Platzkonzert und unter reger Anteilnahme der Bevölkerung eröffnet wurde. Die Zinsen der Baukosten sollten, wie auch bei anderen Salzachstegen, durch eine Mautgebühr hereingebracht werden – damals 2 Heller für Fußgänger, Radfahrer und Kinderwagen, 6 Heller für leichte Handwagen. Das ehemalige Mauthäuschen besteht in umgebauter Form heute noch als Tabak-Trafik.

Das ehemalige Zeugwartstöckl beherbergt seit 1906 eine Tapeziererwerkstätte und im obersten Geschoß (nach einer Schneiderwerkstätte um 1940) seit jüngster Zeit Büroräume eines internationalen Reisebüros.

„Steh Uns bey in aller Noth – Hier in löben und in tod".

Diese Aufschrift – über einer gemalten Sonnenuhr mit Madonna und Kind sowie zwei Engelsköpfen – wie auch eine darüber angebrachte Marmortafel mit Ornamentrahmung und der Aufschrift: ARCHIEPS PARIS A COMIT. LODRONI F. MDCXXVIII. zieren die Fassade.

Im Verputz jener Wand, an die das Torhaus angebaut war, hat man die Konturen des Dachgiebels nachgebildet; die Inschriftentafel des Stadtvereins Salzburg erinnert an das in der Bevölkerung stark verwurzelte „Michaelstor", das dort zwischen 1620 und 1867 bestanden hat, und in einer uns heute schon unverständlichen Kurzsichtigkeit vermeintlichen Modernisierungserfordernissen geopfert wurde.

Mitten hinein in die geschichtsträchtige Salzburger Altstadt führt nun unser historischer Rundgang, vorbei am Mozart-Denkmal als dem Mittelpunkt des gleichnamigen Platzes und sodann nach rechts in den Bereich „an der Pforten", wie ehedem der Stadtteil um den Waagplatz benannt gewesen ist.

Die Pforte

Die „Porta" – namentlich abgeleitet von dem alten Haupttor der Bischofsburg und 930 das erste Mal genannt – war im Früh- und Hochmittelalter zwischen Waagplatz und Residenzplatz der wichtigste Zugang zum kirchlichen Bezirk. Mit Porta wurde aber auch die erste bürgerliche Kaufmannssiedlung einschließlich der kleinen Michaelskirche bezeichnet, damit auch der Pfalzbezirk, jener Stadtteil um den Waagplatz, der den ältesten Markt Salzburgs bis hin zum heutigen Mozartplatz umschloß.

Der „Romanische Keller" (heute unterhalb eines Bankhauses am Waagplatz 4), das Café Glockenspiel als ehemaliger „Sitz des Stadtgerichtes" und die Michaelskirche stehen sehr wahrscheinlich in einem unmittelbaren historischen Zusammenhang zu der mit Mauern oder Palisaden befestigten Bischofsburg und erinnern uns heute noch an jene Zeit, als in Salzburg noch Herzogssitz und königliche Pfalz existierten.

In unmittelbarer Nähe des salzachseitig gelegenen heutigen Höllbräus, der früheren Synagoge[26], wurde ursprünglich eines der ältesten Stadttore vermutet. Zwischen den Häusern Judengasse 15 und Döllerergasse 8 soll ein Torweg mit einer anschließenden Brücke die Verbindung zum anderen Ufer hergestellt haben[27]. Nachdem aber eine Brücke über die Salzach erst mit Anfang des 12. Jahrhunderts belegt ist und die neuesten Erkenntnisse der Landesforschung die Lage der ersten Brücken an der engsten Stelle des Flusses um das Klampferergäßchen annehmen, ist eine Brücke direkt vor der Pforte sehr unwahrscheinlich.

Ab dem 15. Jahrhundert befand sich am Ende der Judengasse der Heumarkt, dem sich der Brotmarkt am oberen Teil des Waagplatzes anschloß („An den Porten" oder „Am Heumarkt"), wie ja überhaupt die Entwicklung der Bürgersiedlung zu einer mittelalterlichen Stadt die Verleihung des Marktrechtes (am 28. Mai 996 durch Kaiser Otto III.) zur wesentlichen Voraussetzung hatte.

Um 1300 verlagerte sich der allgemeine Markt vom Waagplatz auf den Alten Markt, was viele praktische Vorteile im Zu- und Abtransport der Güter brachte, zumal sich auch die Stadtbrücke schon um 1316 vor dem Klampferertor befand. Die Märkte beherrschten das mittelalterliche Stadtleben. Neben den Wochen- und Jahresmärkten, für die es besondere Regelungen gab, hatten die Händler ihre fest zugewiesenen Plätze. Die Fleischbänke waren – zur leichteren Abfallbeseitigung – auf der Brücke vor dem Tor gelegen. Dem Gemüsehandel diente der Kranzlmarkt, der oft verlegte Fischmarkt verbreitete vor dem Löchlbogen am heutigen Hagenauerplatz seine Gerüche. Am Beginn der Sigmund-Haffner-Gasse wurden Milch und später auch Kräuter feilgeboten, am oberen Ende der Gasse, kurz vor der Franziskanerkirche, war Hafermarkt. Der Salzmarkt in der Churfürststraße, der Käsmarkt in der alten Käsgasse, die – heute verbaut – zwischen der Residenz und der Franziskanerkirche liegt, der Rindermarkt und Grünmarkt auf dem oberen Alten Markt, ein Brotmarkt in der Brodgasse und schließlich ein Holzmarkt auf dem Residenzplatz versorgten die Bevölkerung der Stadt mit den Gütern des täglichen Bedarfs.

Abgerundet wurde diese bunte und von städtischem Leben erfüllte Marktlandschaft durch den Markt am Platzl und den Getreidemarkt „am Stein" innerhalb des Steintores.

Hier schließt sich der Kreis zur gegenüberliegenden Pforte. Alten Berichten zufolge soll um das Jahr 1090 die erste aus Holz erbaute Brücke der erzbischöflichen Zeit einem Hochwasser zum Opfer gefallen sein. Die Verlagerung der Marktplätze, der Ausbau der Befestigungsanlagen und nicht zuletzt auch Naturereignisse bewirkten, daß die Salzachübergänge immer weiter flußabwärts wanderten, wie die Geschichte der folgenden Tore uns zeigen wird.

Folgen wir dem Verlauf der Judengasse – in deren Haus Nr. 15 sich einst die „Judenschule" oder Synagoge befand und dieser Straße wohl den Namen gab –, erreichen wir nach ein paar Dutzend Schritten die Einmündung der Brodgasse, die schon zur Römerzeit den Zugang schuf zu einem hier gelegenen Tor.

II. Brückentor

Um das Jahr 1100 wurde die angeblich erste Holzbrücke vor dem I. Brückentor (Pforte) durch eine nur ein kurzes Stück weiter flußabwärts liegende Brücke ersetzt und ein Tor, das sogenannte II. Brückentor, errichtet. Der damit verbundene Verkehrsweg kann in der Fortsetzung der Brodgasse etwas versetzt über die Judengasse in Richtung Salzach angenommen werden. Aus Urkunden geht hervor, daß hier ein Geh- und Fahrweg zur Brücke bestand, der später durch das Haus Judengasse 3 ausgefüllt wurde (und über dem sich jetzt die Schaufenster-Passage eines Einrichtungshauses befindet).

Unklar ist, ob es sich um ein vollständiges Torgebäude oder aber nur um eine Pforte mit verriegelbaren Toren handelte. Kurz vor Eröffnung des Klampferertores im Jahre 1280 ist jedoch nur noch von einem „Türlein"[29] die Rede, woraus geschlossen werden kann, daß zu diesem Zeitpunkt die Bedeutung des II. Brückentores als Verkehrsweg bereits sehr gering war. Es ist anzunehmen, daß dieses Tor schon um das Jahr 1300 nicht mehr in Gebrauch war, obwohl die vorgelagerte Brücke bis 1316 bestand.

In einer sehr aufschlußreichen Salzburger Stadtansicht aus dem Jahr 1553 ist die Hauslücke vor dem ehemaligen II. Brückentor deutlich erkennbar. Die Brücke selbst befand sich zu dieser Zeit bereits vor dem Klampferertor.

Das Gstättentor

Nun drängen sich in rascher Folge die alten Tore dicht zusammen: Nicht einmal fünfzig Schritte weiter öffnet sich der Alte Markt, der unsern Blick sofort gefangennehmen möchte. Wir aber treten rechts ins schmale Klampferergäßchen ein (durch das noch vor ein paar Jahrzehnten die Straßenbahn verkehrte!) und meinen, hier den Geist des 13. Jahrhunderts zu verspüren.

Das Klampferertor

Vom Zentrum der Stadt aus bildete die Brükke vor dem Klampferertor – an der damals engsten Stelle des Flusses – den logischen Hauptverkehrsweg über den Fluß, vom damaligen Marktplatz (heute Alter Markt) hinüber in den anwachsenden Stadtteil Stein.

Das Klampferertor – auch III. Brückentor oder Anländttor genannt – ist seit 1280 bekannt. Für die damals noch kleine Stadt dürfte es wohl auch als Tränktor gedient haben.

Das Klampferertor ist überliefert als mehrgeschossiges Blockhaus mit kräftigen, versperrbaren Toren, flankiert von der Stadtmauer, die, beginnend am Inneren Nonntaltor über das Kumpfmühltor und vorbei an der Salzachseite des Rathauses, die flußseitige Begrenzung der Getreidegasse bildete. Lorenz Hübner schreibt dazu 1792: „Das Gäßchen hinter dem Rathause, ein unsauberes, zwischen der Stadtmauer und dem Rathause zu dem ehemaligen Brücken-, heutigen Anländtthore, und durch ein Quergäßchen auf den Marktplatz führendes Gäßchen, wohin man über einen kleinen Abhang kommt."[30]

Die Brücke vor dem Klampferertor ist seit 1316 bekannt. Sie war aus Holz erbaut, überdacht und erlaubte der damaligen Schiffahrt auf der Salzach bei entsprechendem Wasserstand die Durchfahrt.

1386 zerstörte ein katastrophales Hochwasser das Brückentor. Die Wassermassen waren von solcher Gewalt, daß jedoch auch die Brücke diesen Kräften nicht mehr standhalten konnte und von den reißenden Wogen davongetragen wurde. Die Anlagen wurden zwar wiederhergestellt, doch folgten noch zwei weitere Wellen der Zerstörung.

Die nunmehr errichtete 4. Brücke, auf der sich außer der fürstlichen Brückenzollstätte (dem Schlagtor) auch verschiedene Verkaufsbuden, darunter zwölf Metzgerläden und der bequemen Abfallentsorgung wegen zwei Sudelküchen befanden, wurde 1512 wiederum beschädigt, wenn auch dieses Mal nicht durch die Wogen des Flusses, sondern ein tückisches Feuer.

Nach der Instandsetzung dieser jetzt fünften Brücke rissen die Fluten der Salzach im Jahre 1568 sechs der Verkaufsbuden weg. Ein noch ärgeres Hochwasser brachte die Brücke 1598 endgültig zum Einsturz.

Bis zur Fertigstellung der neuen Brücke, die diesmal noch ein Stück weiter flußabwärts vor dem Rathaus geplant war, wurde eine Notbrücke auf den Überresten der Joche errichtet.

Ab 1600 übernahm dann die Stadtbrücke vor dem Rathaus ihre Funktion als markanter Brückenkopf im Salzburger Stadtbild. Um 1605 spricht man nur noch von dem „Tor bei der alten Prucken"[31].

Ende des 18. Jahrhunderts, fast 200 Jahre nach dem Auflassen dieses Brückentores, wird berichtet:

„Am Ende des Kränzelmarktes rechts, führt eine schmahle Gasse [Klampferergasse, früher Marktgäßchen] zwischen kleinen Krammläden und einer Klampferer- oder Spanglerwerkstätte zu einem kleinen Thore, das nach der Salza führt; aber die meiste Zeit versperrt ist. Noch wird hier das alte Blockhaus gesehen, welches von der Landschaft zu Privatwohnungen verliehen wird."[32] Der Bestand des Klampferertores kann bis um das Jahr 1850 verfolgt werden, als es zur Nachtzeit noch durch ein Pfahlgitter geschlossen wurde. Der Abbruch des zum Schluß schon sehr baufälligen Tores erfolgte um 1860.

Ein Schwibbogen zwischen den Häusern Rudolfs-Kai 6 und 8 markiert heute den Platz dieses alten Tores.

Diesen Zentralteil der Stadt beleben Tore und Bögen in erstaunlicher Vielzahl: Schon nach wenigen Metern flußab – und zugleich straßauf (denn wir „erreichen" den aufgeschütteten linken Staatsbrücken-Kopf) – eröffnet ein weiterer Bogen den Zugang der Altstadt zum Wasser.

Das Rathaustor

Zwischen den Salzachtoren und den Brücken bestand schon immer ein enger Zusammenhang. Daher auch die etwas ausführlichere Beschreibung der Brückengeschichte.

Die Brücke vor dem Klampferertor war noch als Notbrücke in Betrieb, als Wolf Dietrich eine neue Brücke in Auftrag gab. Diesmal sollte sie vom Rathausplatz hinüber zum Platzl führen, dem gewachsenen Mittelpunkt des Stadtteiles am rechten Ufer der Salzach, umgeben von so bekannten Stadttoren wie dem Lederertor, dem Bergstraßtor, dem Inneren Ostertor und dem Inneren Steintor.

Die neue Brücke wurde genau an dem Platz der heutigen Staatsbrücke 1599 fertiggestellt und von jedermann als „herrlich schöne Pruggen" bewundert, zumal sie mit bunten Wappen und Blechfähnlein geschmückt war[33].

Das Rathaustor, welches vorher schon als Verbindung zwischen dem Rathaus und dem neuen Stadtgericht bzw. Amtsgebäude bestanden hatte (heutiger Rathausbogen), wurde der zentralen Aufgabe angepaßt und mit allen für ein Stadttor erforderlichen Funktionen versehen.

Architektonisch fügte es sich harmonisch in die Häuserzeile, wobei der Vorsprung der Stadtmauer für das Brückenlager sowie das aus Quadern sehr schön gestaltete Tor die Bedeutung dieses Bauwerkes noch unterstrichen.

Über dem Tor befand sich ein zweigeschossiges Gebäude mit Giebeldach, in dem bis in Mozarts Zeiten das Stadtgefängnis untergebracht war, weshalb zu dieser Zeit auch die erste Rathauswache eingerichtet wurde. Sie trug die „Reponsabilität" für das Rathaus und die Stadtbrücke. Torwachen unterstanden damals dem Stadtkommando, bestehend aus sechs Kompanien zu je 100 Mann, darunter auch eine Kompanie Grenadiere.

Vor dem Tor also die herrliche Brücke, im Stadtinnern der Rathausplatz in kaum anderer Form, als wir ihn heute kennen.

Doch bald zeigten sich an der nur wenige Jahre alten Brücke schwere Schäden. Beim Bau hatte man die Joche von sieben auf vier Stück verringert, um der Schiffahrt die Durchfahrt zu erleichtern. Den dadurch sich ergebenden zu großen Spannweiten war das Material nicht gewachsen, dazu kam die Belastung durch zunehmendes Verkehrsaufkommen. Reparaturversuche erwiesen sich als zwecklos, die statisch fehlgeplante Konstruktion war nicht zu retten. So wurde bereits um die Wende zum 17. Jahrhundert ein Brückenbau fällig, den man nun neuerlich ein gutes Stück flußabwärts verlegte.

Durch den Rathausbogen führt uns der Weg nun in das „touristische Allerheiligste" Salzburgs: in die Getreidegasse, deren Verlauf wir folgen bis zum Hagenauerplatz, vor dem Geburtshaus Mozarts uns zur Rechten wenden, um neuerlich der Salzach zuzustreben. Die Durchfahrt, der wir hier begegnen, hat große Vergangenheit in ihren Mauern.

Das Obere Tränktor

Das heute als Löchlbogen bekannte Gebäude erfüllte lange Zeit seine Aufgabe als Tränktor und Zugang zum Gries an der Salzach. Es war dies kein Stadttor im üblichen Sinne, sondern ein sehr bekannter und frequentierter Platz, aus dem damaligen Stadtleben einfach nicht wegzudenken. Etwa 1400 als „Padstuben am Gries"[34] erwähnt, herrschte um den Löchl- oder Wolf-Dietrich-Bogen stets rege Betriebsamkeit. Es darf angenommen werden, daß schon seit früher Zeit hier Speis und Trank verabreicht wurden.

Salzachseitig befanden sich vor dem Tränktor der von der Stadtbrücke abwärts verlegte Fleischmarkt oder die Fleischbänke (heute Nähe Salzburger Stadtwerke) und bis 1599 der sehr häufig seinen Standort wechselnde Fischmarkt als klarer Mittelpunkt des damaligen Marktlebens.

Aufgrund der Ereignisse um die Stadtbrücke 1598 entwickelte sich der Plan, die neue Brücke noch einmal ein Stück flußabwärts, nämlich zwischen dem Löchlbogen und dem Lederertor, anzulegen. Die Entscheidung fiel sehr rasch, die Notbrücke vor dem Rathaus hielt den Verkehr zwischen den beiden Stadtteilen nur noch provisorisch aufrecht, und so wurden unverzüglich die Vorbereitungen für den neuen Brückenbau getroffen. Der Fischmarkt samt Brunnen wurde auf den Hagenauerplatz verlegt, den Pranger „nebst zwey Pfeilern zum Ausstellen der Übelthäter" ließ Wolf Dietrich abbrechen[35]. Das Haus des „Löchlwirths", bisher ohne Durchgang, wurde umgebaut, und erhielt eine große, hohe Bogendurchfahrt, so wie wir sie heute kennen, drei Geschosse neben dem Torbogen und vier Geschosse darüber. Aus diesem Anlaß, so ist uns überliefert, wurde dem Löchlwirt die „beständige Wirthsgerechtigkeit"[36] erteilt. Das Wappen Wolf Dietrichs prangt noch heute an der Toraußenseite.

Die neue Brücke zum Lederertor wurde 1608 fertiggestellt, entsprach aber in vielen Punkten nicht den Erfordernissen. Wolf Dietrich ließ daraufhin die Überreste der früher angelegten „schönen Pruggen" vor dem Rathaus gänzlich abbrechen und faßte den „kühnen Plan"[37], eine massive Steinbrücke zu bauen. Doch als der erste Steinpfeiler gesetzt war, erfolgte der Sturz Wolf Dietrichs. Sein Nachfolger ließ den Pfeiler wieder entfernen und baute 1620 an der gleichen Stelle die letzte Holzbrücke. Ab diesem Zeitpunkt war der Platz für die Hauptbrücke zwischen Rathaus und Platzl fixiert. 1877 entstand die erste eiserne Fachwerkbrücke, 1949 wurde die Staatsbrücke in Stahlbetonbauweise fertiggestellt, so wie wir sie heute kennen. Die etwas überraschende Bezeichnung „Staatsbrücke" ist als Reverenz gegenüber dem Financier zu verstehen, wurde doch ein bedeutender „Reichsbeitrag" für die Errichtung dieser ersten dauerhaften Brücke in Salzburg geleistet. Der Vollständigkeit halber: Den zweiten Brückenübergang erhielt Salzburg erst im Jahre 1858 durch die Karolinenbrücke. Die Eröffnungsfeier fand in Anwesenheit der Kaiserin Karoline Augusta statt, der vierten Frau des letzten römisch-deutschen Kaisers Franz I. Bis zu dieser Zeit besaß Salzburg nie mehr als eine Brücke innerhalb der Stadtmauern.

Der Löchlbogen, bis 1620 das V. Brückentor, verlor aber durch den Wegfall der Brücke keineswegs an Bedeutung. Die zentrale Lage macht ihn selbst noch heute zu einem wichtigen Kreuzungspunkt in den Verkehrswegen der Stadt. Ein sehr bekanntes Käsegeschäft, das „Kaslöchl", ein kleines Schmuckgeschäft, eine Blumenhandlung und das „Metzgerlöchl" sorgen heute für die Nahversorgung der rundum ansässigen Bevölkerung.

Auf der Seite des Hagenauerplatzes erinnert ein Restaurant an die Tradition des ehemaligen „Löchlwirths". Der Fischbrunnen, eng verbunden mit der Geschichte um den Löchlbogen, übersiedelte 1641 wieder auf den Gries zurück und landete, den verschiedenen Plätzen des Fischmarktes gleichsam folgend, vor dem Furtwänglerpark, gegenüber den Festspielhäusern. „Seiner ursprünglichen Bestimmung längst beraubt, bildet der alte Fischbrunnen mit seiner Sagenfigur in unseren Tagen nur mehr ein schönes Schaustück; sein Raunen von vergangenen Zeiten wird im Getriebe der Gegenwart kaum mehr vernommen. So blickt auch der Wilde Mann ein wenig verloren nieder auf die Menschheit, die für sein verwegenes Aussehen nur mehr ein mildes Lächeln hat."[38]

Den Löchlbogen durchschreitend gelangen wir in die Griesgasse, kehren der Staatsbrücke – nach links uns wendend – den Rücken zu und trachten, uns durch das Menschengedränge an den Busstationen einen Weg zu bahnen. Der Blick quer über den Hanuschplatz, nach rechts zur Salzach hin, streift jenen Ort, dessen ehemals wehrhaft-trutziger Charakter erst vor gut 100 Jahren der heutigen merkantilen Betriebsamkeit gewichen ist.

Das Fleischtor

Um den Bürgern die Last der Soldatenquartiere abzunehmen, begann Paris Lodron 1641 mit dem Bau einer relativ kleinen Stadtkaserne, der „Türnitz". Hart an der Stadtmauer – heute gesehen auf dem Platz einer Fischhandlung bzw. weiter über die Haltestellen der Verkehrsbetriebe hinaus bis zum Makartsteg – bestand die Anlage aus einem zweigeschossigen Gebäude, einer Schanze und einem Tor in der Mitte des Gebäudes. Architektonisch wurde dieses Tor hervorgehoben durch ein zusätzliches Geschoß, das über die Gebäudehöhe der Kaserne hinausragte und mit einem attraktiven Zeltdach versehen war. Eine wehrhafte Fassade mit einem verschließbaren Tor und der beiderseits anschließenden fensterlosen Kasernenrückseite, welche gleichzeitig auch die Stadtmauer bildete, gab der gesamten Anlage ihr unverwechselbares Gepräge. Mit der Anlage dieser Kaserne, die von Guidobald Thun vollendet wurde, konnte die bis zur Mitte des 16. Jahrhunderts von der Salzach her völlig offene Stadt weiter befestigt und gesichert werden. Die Stadtmauer von der „Sternschanze" bis zum Klausentor bildete den Abschluß dieses örtlichen Befestigungswerkes.

Dem Fleischtor kam während seines Bestehens große Bedeutung zu. Als Wassertor diente es der Bevölkerung für die vielfältigen Bedürfnisse des Gewerbes, der Landwirtschaft und natürlich auch für Löschzwecke bei Feuergefahr.

Dem Tor war ein Schiffsanlegeplatz mit einem Häuschen für den Wasserzoll-Einnehmer vorgelagert. Schon seit dem 13. Jahrhundert erfüllte Salzburg als Umladestation zwischen Land- und Schiffstransport eine wichtige Funktion. Über das Flußsystem Salzach – Inn – Donau erfolgte hier – mit Ausnahme des Salzes, welches direkt in Hallein bzw. Rif verfrachtet wurde – die Umladung der Güter von Saumpferden und Fuhrwerken auf Schiffe oder Flöße. In engem Zusammenhang damit stand das sogenannte „Niederleghaus" zwischen Getreidegasse 18–22 und Griesgasse 17, in dem die Waren übernommen, zwischengelagert und, wenn erforderlich, auch umgepackt wurden. Die Niederlage besorgte sodann die weitere Verladung auf die Schiffe[39]. Alten Schriften ist zu entnehmen, daß die großen Steine und Marmorsäulen für die Wallhalla bei Regensburg mit nicht geringen Schwierigkeiten vom Untersberg hierher transportiert und auf die Schiffe vor dem Fleischtor verladen wurden.

Es ist anzunehmen, daß darüber hinaus diese Schiffslände direkt vor dem Zentrum der Stadt von den verschiedensten Professionisten für die Güterversorgung in Anspruch genommen wurde. Der Beginn der Flußregulierung um 1852 und die Aufhebung des Bauverbotes im Nahbereich der Befestigungsanlagen 1860 durch den Kaiser veränderten neuerlich das damals doch als geschlossen erscheinende

Stadtbild am Gries. Die Sternschanze, von den Salzburgern auch „Insel Elba"[40] genannt, wurde als erstes abgetragen, das gleiche Schicksal traf 1860 die alte Türnitz, damals die älteste Kaserne des Reiches. Mit ihr ging auch ein Salzburger Tor in Trümmer, für das später kein Ersatz mehr geschaffen wurde.

Nicht unerwähnt soll bleiben, daß zwischen 1850 und 1860 ein unter dem Vorsitz des Freiherrn Carl von Schwarz agierendes Komitee den Bau eines neuen Rathauses an der Stelle der alten Türnitz im Gries ins Auge gefaßt hatte – ein kühner Plan, der jedoch nie zur Ausführung gelangen sollte.

Der weitere Verlauf des Weges entführt uns nun für kurze Zeit wieder ins Innere der alten Stadt, vom Flusse weg. Wo – von der Griesgasse zur linken Hand – das Sternbräu den Besucher lockt, verweilen wir in dessen Gastgarten ein wenig – in erster Linie nicht, um uns zu laben, sondern vielmehr, weil diese Stätte von uralten Erinnerungen zu erzählen weiß.

Das Niedere Tränktor

Seit 1280 ein Bestandteil der ältesten Stadtmauer und seit 1408 als Niederes oder Unteres Tränktor bekannt, bildete dieses Tor, welches sich im Bereich des heutigen Sterngartens befand, einen weiteren Zugang zum Wasser des damals unmittelbar angrenzenden Flusses.

Zillner vermerkt dazu: „Dieses Tränktor gehörte schon der ältesten Stadtmauer an und ist der Schwibbogen im alten Sternbräuhause [Getreidegasse 36], über welchem zur Zeit Wilhelmseders sich eine Kapelle befand."[41]

Durch die zuletzt durchgeführte Stadtbefestigung um 1620–1630 und durch den Ausbau des Löchlbogens als Brückentor wurde es als Tränk- bzw. Wassertor überflüssig und hieß schon 1608 das „alte Trenkthor".

Der Weg zwischen dem Tor und dem Gries wurde aufgehoben, nachdem schon 1562 ein großer Baumgarten (der Lamberggarten) auf dem Gries zwischen dem Fluß und dem Turm im Sterngäßchen angelegt worden war. Die Bedeutung des damaligen Weges durch das Tränktor ging jedoch nicht verloren.

Viele Salzburger nutzen täglich diese Verbindung zwischen der Altstadt vom Neutor her, durch die Arkadenhöfe der Getreidegasse und weiter durch das Tor des Sterngartens, im geraden Weg über den Makartsteg in die Neustadt.

Wie damals werden die Tore des Hauses und des Gartens nachts geschlossen.

Das Neutor

Unser Spaziergang führt nun weiter durch die innersten Bezirke salzburgischer Geschäftigkeit, quert flüchtig die Getreidegasse, sucht einen Durchschlupf hin zum Sigmundsplatz in Nachbarschaft des Großen Festspielhauses – der Weihestätte hoher Kunst. Zwischen dem Musentempel und der Pferdeschwemme, ein Stück zurückgesetzt, erwartet uns ein in den Berg gehauenes Loch, ein Zeugnis früher Meisterschaft im Straßentunnelbau.

Das Neutor

Dieses größte aller Salzburger Stadttore wurde in den Jahren zwischen 1764 und 1767 unter Erzbischof Sigismund Graf Schrattenbach in erster Linie zur verkehrsmäßigen Erschließung der Riedenburg durch den Mönchsberg gebrochen.

Schon Max Gandolf von Kuenburg hatte nach dem Dombau um 1676 ernsthaft eine Verbindung zwischen der Altstadt und dem Stadtteil hinter dem Berg projektiert und versucht, den Mönchsberg an seiner schmalsten Stelle einfach „durchzusägen". Ein bereits bestehender Steinbruch hinter dem Hofstall sollte solange fortgeführt werden, bis an dieser Stelle ein Durchbruch entstanden wäre. Nach einem positiven Gutachten des Hofkriegsrates Guidobald Freiherr von Hegi, der eine durch den Bau sogar erhöhte Verteidigungskraft bestätigte, wurde „zum privaten Nutzen der Bürger und des Gewerbes sowie zum unsterblichen Ruhme des Landesfürsten"[42] mit dem Abbau begonnen. Die hier gebrochenen Nagelfluhquader dienten unter anderem auch als Baumaterial für die Dreifaltigkeitskirche und die Ursulinenkirche.

Kurz darauf schon stellte man aber den Abbau wieder ein. Alles schien so zu bleiben, wie es war: Durch die Hofstallgasse führte der Weg, vorbei am hochfürstlichen Marstall und der alten Universität zum Heumarkt, auf dem sich die öffentliche Heuwaage befand und wo jedermann gegen Gebühr Stroh und Heu wiegen lassen konnte.

Bergseits stand die Hofstallschwemme, damals allerdings um 90 Grad gedreht dem großen Portal des Hofmarstalls zugewandt, mit der 1732 von Erzbischof Leopold Anton erbauten und mit Pferdemotiven bemalten Steinwand, die als Sichtschutz für ein dahinterliegendes Magazin diente.

Überquerte man den Heumarkt – später auch „Heuwagplatz" –, so erreichte man nach wenigen Schritten linker Hand den Getreidekasten des Bürgerspitals und nach dem Spital das Gstättentor. Der Weg in östlicher Richtung durch die Collegiums- oder Universitätsgasse hat sich bis heute wenig verändert.

Alte Universität, die Kollegienkirche und die Rückseite der Getreidegassenhäuser standen bereits in der uns bekannten Form, den heutigen Universitätsplatz umgebend. Aus der früheren Modegasse wurde die Philharmonikergasse. Durch diese ging es also wieder zurück zum Steinbruch am Hofmarstall.

Erst im Herbst 1763, nach einem Lokalaugenschein durch Erzbischof Sigismund von Schrattenbach, wurde der Plan einer Durchtrennung des Mönchsberges endgültig verworfen, dafür jedoch erhielt der Oberst Weg-, Maut- und Baukommissär Ingenieurmajor Elias von Geyer den Auftrag, „ein Loch durch den Felsen" zu treiben. Angeblich trug zu dieser sehr raschen Entscheidung auch der Umstand bei, daß der Erzbischof – der in der Riedenburg ein Landhaus für sich errichten ließ – von der kürzeren Verbindung durch den Berg einen rascheren Bauverlauf erhoffte.

Am 14. Mai 1764 wurde von beiden Seiten mit dem Stollenbau begonnen, und bereits am 2. September 1765 konnten sich die Arbeiter durch ein Felsloch die Hand reichen.

Die Durchfahrt war nach dem Durchbruch 7 m hoch und 5½ m breit. Der ungefähr 135 m lange Fahrweg steigt wegen der dadurch günstigeren Lichtführung „um 35 Schuh", das sind ungefähr 10 m gegen die Riedenburgseite an. Geyer nützte einen optischen Effekt, wobei die dank der Steigung von 35 Grad einfallenden Lichtstrahlen vom Boden auf das Gewölbe reflektiert werden und so den Tunnel bestmöglich erhellen.

Das Tor kostete zu diesem Zeitpunkt 5565 Gulden und zählte nach seiner Fertigstellung zu den ersten Tunnelbauten diesseits der Alpen.

Am 27. Mai 1766 erfolgte die erste öffentliche Durchfahrt, einen Monat später, am 26. Juni, eröffnete der Erzbischof „in eigener Person" nach einer Rosenkranzandacht im Dom die Durchfahrt, die von da an Sigmundstor heißen sollte. Doch Namen lassen sich nicht erzwingen. Schon von Anfang an wurde es meist „das neue Tor" oder kurz Neutor genannt. Und diese Bezeichnung hat sich bis auf den heutigen Tag erhalten.

Die Gestaltung der beiden Portale wurde 1767 den Brüdern Wolfgang und Johann Baptist Hagenauer übertragen. Wolfgang bekleidete zu dieser Zeit das Amt eines Hofbauverwalters, während sein künstlerisch hochbegabter Bruder im Juni 1764 gerade von einer längeren Italienreise nach Salzburg zurückgekehrt war, um als Hofstatuarius in den Dienst des Landesfürsten zu treten.

Der endgültigen Gestaltung der Portale und des Tunnels sind heftige Auseinandersetzungen zwischen den Brüdern Hagenauer und Major von Geyer vorangegangen. Um die künstlerischen Vorstellungen zu realisieren und die Proportionen von Tornische, Portal und der vorerst nur als Marmorblock vorhandenen Sigmundsstatue einzuhalten, senkte Wolfgang Hagenauer die Sohle des Tunnels um 12 Schuh und erweiterte die Torbreite auf 9 Meter.

Die Toröffnung auf der Riedenburgseite wurde als erste fertiggestellt und am 15. November 1767 geweiht. Einzigartig ist dabei der hochkünstlerische Einfall, die Torfassade direkt aus dem Stein des Berges herauszuhauen. Hinter dem Portal wurde eine große Rundbogennische geschaffen; in deren Mitte über dem halbrunden Torbogen eine Inschriftentafel und darüber als Krönung die Statue des heiligen Burgunderkönigs Sigismund – auf einem Sockel mit dem Wappen des Erzbischofs vor antiken Kriegstrophäen zwischen zwei brennenden Kugeln. Zwei gebrochene Obelisken flankieren die Toreinfahrt.

Das der Stadt zugekehrte Portal, ebenfalls direkt aus dem Fels herausgemeißelt, wird von einem Bildnismedaillon des Erzbischofs Sigismund und der Inschriftentafel „TE SAXA LOQUUNTUR" – dich preisen die Steine – beherrscht. Zwei Medusenmasken unterbrechen die Pilasterrahmung der Rundbogendurchfahrt.

Die Portalgestaltung erstreckt sich weiter auf den darüberliegenden Felsen und endet mit einer abschließenden, reich verzierten Steinbrüstung hoch über dem Tor. Der Stollen selbst ist erst im November 1768 in die Form eines Spitzbogens gebracht worden.

In dieser Zeit entstand ein weiteres Meisterwerk der Brüder Johann und Wolfgang Hagenauer auf dem Domplatz. Johann schuf die aus Blei hergestellten Figuren samt Reliefs, und Wolfgang errichtete die Architektur für die Immakulatasäule, besser bekannt unter Mariensäule, vor dem Dom.

Für Verteidigungszwecke wurde an das westliche Portal des Neutores ein Vorwerk errichtet, das in seiner Gestaltung die Ruinen des alten Juvavum darstellen sollte. In diesem Zusammenhang waren Tor und Vorwerk das erste in Österreich konzipierte Ruinendenkmal[43].

Die Bastei wurde mit großen Einschränkungen gegenüber der ursprünglichen Planung fertiggestellt. Lediglich ein 4½ Schuh hohes „Brustmäuerl" und zwei Torhäuser kamen noch zustande. Die durch die Bodenabsenkung unbrauchbar gewordenen, bereits fertiggestellten Torflügel des stadtseitigen Tores wurden entfernt und am äußeren Tor ein hölzernes Gatter angebracht.

Nachdem Erzbischof Sigismund von Schrattenbach am 16. Dezember 1771 gestorben war, sollte es noch bis zum 1. Oktober 1774 dauern, daß an den Hofrat berichtet werden konnte: „Endlich hat das dießortige Miliz Bau und Proviant Amt das Fortifications-Wercks Gebäu ausser dem neuen Sigmunds Torr glücklich vollendet, und die darüber geführte Rechnung... gelegt..."[44] Tatsächlich kostete der Gesamtbau schlußendlich etwa achtmal so viel wie der eigentliche Stollendurchschlag.

„Vor Eröffnung dieses Thores war beynahe die ganze äußere Gegend eine Wildniß, das zum Theile viele unfruchtbare Moosstrecken, theils mehrere mit Gebüschen und Bäumen bewachsene Hügel hatte."[45]

Das neue Tor veränderte die Landschaft schlagartig. Die heute bestehenden Straßenzüge der Riedenburg wurden projektiert, Grundstücke parzelliert und erschlossen. Vor dem Tor in der Stadt wurde ein breiter Weg angelegt, der durch einen Torbogen in der Pferdeschwemme – Rückwand auf den Heumarkt – mündete. Eine kleine Wachstube befand sich in unmittelbarer Nähe Richtung Bürgerspital, um das Wachpersonal nach der Sperrzeit über Nacht aufzunehmen. Seiner Verteidigungsfunktion wurde das Tor im Jahre 1813 gerecht, als es während des Belagerungszustandes mit mehreren hundert Bäumen verrammelt wurde.

Doch auch das „Loch im Berg" selbst sowie sein Vorplatz unterlagen ständigen Änderungen. 1860 wurden zwei Felder der mit Fresken geschmückten Rückwand der Pferdeschwemme entfernt, und damit verschwand auch das als häßlich empfundene Portal.

Zwischen 1870 und 1880, als das Haus Neutorstraße 8 als bereits bestehend registriert war, wurde die Ruinenbastei abgetragen. Es wird vermutet, daß die schönen Nagelfluhquader beim Bau der Asylkirche (1874–1878) verwendet wurden. Das Neutor selbst erfuhr mehrere Verbreiterungen. 1890 für einen Gehsteig, 1898 eine weitere Verbreiterung um 70 cm, 1915 jene für die „Gelbe Elektrische" – wie eine Inschriftentafel stadtseitig bekundet – und 1916 noch einmal für Fußgängerstollen. 1968/69 legte man den heute bestehenden, parallel zum Tunnel laufenden Fußgänger- und Fahrradweg an.

Das seinerzeitige Ansuchen der Maria Anna Flatscherin (einer Bierbräuerin aus der Getreidegasse) vom September 1770 um Überlassung eines Steinkellers im Neutor gegen Entgelt brachte Wolfgang Hagenauer auf die Idee, zehn Keller im Felsen symmetrisch zu beiden Seiten anzulegen. Die Landschaft lehnte damals diesen „dem Verkehr nicht förderlichen" Vorschlag ab.

Wenn auch solche Vorhaben nicht ausgeführt wurden, diente der Mönchsberg mit seinen Stollengängen und Räumen der Salzburger Bevölkerung während der Kriegsjahre doch als sicherer Luftschutzraum inmitten der Stadt und hat diese wichtige Funktion des Zivilschutzes bis heute inne.

Am 19. Juli 1975 schließlich eröffnete Bundespräsident Dr. Rudolf Kirchschläger feierlich die Altstadtgaragen mit 1500 Parkplätzen in zwei großen Kavernen. Viele tausend Menschen nehmen heute täglich ihren Weg durch das „Loch im Berg", ohne zu ahnen, daß aus dem Tunnel beinahe ein Weg unter freiem Himmel geworden wäre. Die hohen, geraden Schnittflächen am Felsen des ehemaligen Steinbruchs – vom Sigmundsplatz aus deutlich erkennbar – sind inzwischen zu einem vertrauten Anblick im Salzburger Stadtbild geworden.

Vom Neutor fort geht unser Weg über den Sigmundsplatz, entlang der Pferdeschwemme, vorbei am ehemaligen Getreidekasten des Salzburger Bürgerspitals – dessen Arkadenhof uns eines kurzen Blickes wert sein sollte – und führt in sanftem Bogen um die Blasiuskirche herum nach links hinauf zur Gstättengasse.

Das Gstättentor

Die Geschichte dieses Tores beginnt um das Jahr 1000, noch vor Errichtung der ersten gemauerten Befestigungsanlagen. Seit dieser Zeit bildet es an dieser Stelle den Abschluß der Stadt zum Mönchsberg hin.

Bis etwa 1300 zählte es neben dem Nonntaltor und dem Ostertor in der Linzer Gasse zu den drei Haupttoren der Stadt. Als „Innere Klause" (1367) und später dann als „Inneres Gstättentor" (1469) wurde dieses Tor mit weiteren Verteidigungseinrichtungen versehen. Eine Zugbrücke führte nach außen über den Stadtgraben, dem ein Zwinger (ein mit Pfählen oder Mauern umschlossener Platz) angeschlossen war.

Die Stadtmauer band sich vom Tor ausgehend in einem leichten, zum damals noch weit ausufernden Fluß führenden Bogen über das Badergäßchen in die salzachseitige Häuserzeile der Getreidegasse ein.

Unmittelbar innerhalb des Tores befanden sich die angrenzende Kirche, das Bürgerspital und unterhalb eines kleinen Abhangs das alte Münzgebäude. Dieses Viertel, welches heute von der Münzgasse sowie der Gstättengasse umschlossen wird, hieß damals „die Zell", fiel aber in jener Gestalt den Bomben des letzten Krieges zum Opfer.

Über das große Feld, den sogenannten Fron- oder Frauengarten, das sich vor dem Bürgerspital und dem Tore ausbreitete, schreibt Lorenz Hübner 1792 (auszugsweise):

„Bis auf die Zeiten Erzbischof Wolf Dietrich war die große, weite Strecke von dem ehemaligen St. Peter Frauenkloster und einigen dazugehörigen Scheunen und Stallgebäuden an bis dicht an den alten Getreidekasten des Bürgerspitals ein langes Feld, das der heilige Rupert oder vielmehr Herzog Theodo aus Bayern dem Kloster Sankt Peter geschenkt hatte, und das nun seit jener Zeit demselben eigenthümlich zugehörte. Erzbischof Burkhard von Weißbriach war der erste, welcher den Gedanken faßte, die Stadt auf dieser Seite zu vergrößern. Weil er aber vorhersah, daß er die Einwilligung des Klosters kaum oder sehr schwer erhalten würde, so ließ er dem Abte durch einen seiner Kapläne, Magister Johann Westendorfer, einem beredten Mann, sagen, daß er widrigen Falls den Frauengarten mit Gewalt in Besitz nehmen würde. Die Mönche konnten einer solchen Beredsamkeit des fürstlichen Gesandten nicht widerstehen und traten den Frauengarten ohne fernere Weigerung ab. Nun hielt der Fürst mit seinem Baumeister Rath, ließ Gassen und Häuser ausstecken, zeichnete das übrige, was dem Kloster verbleiben sollte ebenfalls aus, und ließ jedermann ausrufen, wer Lust hätte sich hier anzubauen. Allein nun geschah ein Mirakel, dergleichen es zu jenen Zeiten sehr viele gab. Gott, der sein Eigenthum nicht läßt verwüsten, verhängte, daß sich durchaus niemand brauchen lassen wollt, auf dem geistlichen Boden zu bauen. Der Erzbischof erkannte den Finger Gottes, besann sich eines andern, gab dem Kloster im Jahre 1462 den Garten nicht nur reumüthig wieder zurück; sondern befreyte das Kloster auch von allen Schulden, und versprach ihm Zeitlebens Schutz und Unterstützung.

Seit jener Zeit blieb der geistliche Boden immer unangefochten. Das Kloster benutzte ihn zu einem Heu- und Kornfelde, zu einem Obstgarten und Krautacker."[46] 1598 ging der Frauengarten endgültig in das Eigentum des Erzbischofs über, bis auf den noch heute erhalten gebliebenen und mit einer Mauer eingefaßten Küchengarten des Franziskanerklosters. Vor dem Stadttor befanden sich die bereits dicht an den Mönchsberg gebauten Häuser der Gstättengasse, die heute eine architektonische Besonderheit Salzburgs darstellen; darunter auch das Haus eines Bräuers an der Stiege, dem späteren „Stiegelbräuer", und ein Bäckerladen, dessen Aussehen seit 1429 bis heute unverändert erhalten geblieben ist.

Bis 1618 wird das Bürgerspital- oder Gstättentor als schmucklose und enge Pforte beschrieben. 1605 ausgebrannt, wurde es 1618 durch Markus Sittikus in der heute bekannten prunkvollen Ausführung wieder errichtet, obwohl bereits 1612 das Klausentor als Befestigungswerk ausgebaut worden war.

Auf der Gstättenseite tragen hohe, gebänderte Pilaster einen auf dem Gebälk ruhenden Segmentgiebel, der in der Mitte durch das Marmorwappen Markus Sittikus' unterbrochen wird. Darüber befindet sich eine reich verzierte Marmortafel mit einer Inschrift über die Errichtung des Tores.

Stadtseitig, am hinteren Teil der Kirche, führt eine steinerne, überdachte Treppe mit schmiedeisernem Geländer zu drei Wohngeschossen. Wappen und Tafel weisen auch an dieser Seite auf die Erbauung und Neugestaltung im Jahre 1618 hin. Eine kleine Tafel trägt die Nummer 26, vermutlich eine ehemalige Hausnummer.

Bis zum Neubau des Klausentores erfüllte das Gstättentor die Funktion eines Haupttores. Auf dem ehemaligen Platz des Bürgerspitalfriedhofes unmittelbar an der Stadtseite des Tores wurde ein neues Wachhaus mit einer Wohnung für den Torsteher errichtet. In diesem mit dem Tor verbundenen Haus befand sich eine für die Stadt sehr wichtige kommunale Einrichtung: Durch das Gebäude führte eine hölzerne Treppe in die Stadtbrunnenstube hinunter, in welcher das Wasser des hinter dem Bürgerspital vorbeigeführten Almkanales gesammelt wurde. Mittels eines großen oberschlächtigen Schaufelrades wurde ein einfaches Pumpwerk betrieben und das aus dem Boden gepumpte Brunnenwasser in die Stadt verteilt.

30 Jahre später wurden die Zugbrücke und das Fallgatter, die wichtigsten Hauptbestandteile eines Tores, beseitigt und der Stadtgraben davor aufgefüllt. Die Stadterweiterungsideen des inzwischen gestürzten und verstorbenen Wolf Dietrich legten den Grundstein für die rasch voranschreitende Bautätigkeit „im Gries", was zur Folge hatte, daß nach Wiederherstellung das Klausentor 1612 wieder zu einem der Haupttore der Stadt wurde.

Das Gstättentor jedoch nahm weiterhin einen beherrschenden Platz vor dem Bürgerspital ein. Wegen der früher dort ansässig gewesenen Schleiferwerkstätten bürgerte sich der Name „Schleiferbogen" ein, der auch heute noch einer näheren Beschreibung dieses Tores dient.

Das Gebiet der ehemaligen Münze wurde bei Luftangriffen 1944/45 nahezu zerstört. Beim Wiederaufbau wurde auf den Standort alter historischer Gebäude und auf die städtebauliche Nutzung dieses Raumes kaum Rücksicht genommen. Zur vormaligen Gstättengasse als Hauptstraße kam der Griesgassendurchbruch, die heutige Münzgasse. Die Verbindung vom Gstättentor zum ehemaligen Brunnenhaus wurde beseitigt und ein Fußgängerdurchgang geschaffen.

In unseren Tagen zählt das Gstättentor zu den glücklicherweise erhalten gebliebenen Sehenswürdigkeiten der Stadt. Es verbindet die Altstadt mit dem Franz-Josef-Kai bzw. mit dem Stadtteil Mülln und ist – besonders in den Sommermonaten – ein sehr stark frequentierter Verkehrsweg.

In den Wohngeschossen und im Dachboden befinden sich heute Werkstätten und Depots des Salzburger Museums Carolino Augusteum.

Nach Durchschreiten des Tores folgen wir der schmalen Gstättengasse – die uns vorbeiführt an einer Tafel zum Gedenken an den verheerenden Bergsturz von 1669 –, bis sie sich an der Markuskirche überraschend weitet, zum Ursulinenplatz sich öffnend. Der freie Blick auf Salzach und Elisabethvorstadt wird linker Hand begrenzt durch eines der besterhaltenen Salzburger Tore – ein Nadelöhr für den Verkehr, doch eine Freude dem Betrachter.

Das Klausentor

Erzbischof Wolf Dietrich war es, der 1605 einen gepflasterten Fahrweg nach Mülln zum neuen Kloster der Augustiner-Eremiten anlegen ließ. Dies bedeutete für damalige Zeiten eine Seltenheit, unterstreicht aber die Wichtigkeit, die man dieser Stadteinfahrt beigemessen hat. Die umfangreichen Aufschüttungen am Gries und die Bevorzugung dieser Vorstadt durch den Erzbischof boten der Bewohnerschaft Salzburgs nun wieder neues Bauland als Ersatz für die vielen abgerissenen Häuser in der Innenstadt.

Im Unterschied zu den vielen unvollendeten Projekten, die Wolf Dietrich nach seinem jähen Sturz in der Altstadt hinterlassen hatte, wurden in Mülln praktisch alle Bauvorhaben in die Tat umgesetzt. Zur Zeit Wolf Dietrichs bestand das bereits 1250 und auch 1367 erwähnte Klausentor wahrscheinlich schon mehrere hundert Jahre, wenn auch den vielfachen Änderungen der Befestigungsanlagen unterworfen.

In der Mitte des 17. Jahrhunderts zog sich die Stadtmauer von der Hauptbrücke vor dem Rathaustor über die alte Türnitz um die Sternbastei (heute Hanuschplatzseite des Makartsteges) herum weiter flußabwärts, angepaßt den geologischen Verhältnissen hinauf zur Gstättengasse und sodann in gerader Linie der Straße entlang bis zum Klausentor. Dieses brannte im Jahre 1603 – vermutlich durch eine Unachtsamkeit des Torwärters Hanns Küenmoser – fast zur Gänze ab (ein Unglücksfall, der der Tochter Küenmosers das Leben kostete); die Brandruine ließ Wolf Dietrich vollständig abbrechen und beseitigen.

Unter seinem Nachfolger Markus Sittikus wurde das Klausentor jedoch – auf Kosten des bürgerlichen Magistrats – um 3617 Gulden neu aufgebaut. Damit zählte das Klausentor 1612 wieder zu den Haupttoren der Stadt mit eigenverantwortlicher Wache.

Die Stadtseite des Klausentores wurde als einfaches, gequadertes Rundbogentor ausgeführt, mit steinernen, vorübergehend auch überdachten Treppen, die zu den Wohnungen führten.

Mitte des 18. Jahrhunderts war auf der freien Fläche dieser Fassade im obersten Geschoß ein ovales Fresko einer Madonna mit Kind zu sehen, ein Geschoß tiefer prangte das gemalte Wappen der Stadt Salzburg zwischen zwei wilden Männern von Matthäus Murmann (1. Hälfte 17. Jahrhundert). Um 1865 schmückten die färbigen Wappen salzburgischer Städte und Märkte die Nordseite des Tores, welche damals mit einer wirkungsvollen Krenelierung als Dachabschluß verziert war.

Der Raum unterhalb der Treppe wurde von Händlern genutzt, wie alten Ansichten zu entnehmen ist. Noch in den ersten Jahrzehnten unseres Jahrhunderts zierten zwei große Steinkugeln die Basis des inneren Torbogens. Die Dachgestaltung wurde mehrmals geändert. Soweit aus früheren Zeichnungen und Bildern erkennbar, wechselte die Bauweise zwischen Flachdach und Pultdach. Später wurde es durch ein Zeltdach abgelöst. Seit Ende des 18. Jahrhunderts befindet sich das Dach in seiner heute bekannten, an die Felswand angelehnten Form, abgesehen von einigen Änderungen des Dachgesimses, welches nach 1930 stark vereinfacht wurde.

Die dekorative Außenseite besteht aus einem Quadernbau und einem von toskanischen Halbsäulen gerahmten rechteckigen Tor; das Torhaus selbst setzte sich zusammen aus zwei Wohngeschossen mit Dachboden, ausgeführt in Ziegelbauweise, einer angebauten Wachstube, daneben das Häuschen des Zeicheneinnehmers. Außerhalb des Tores sorgten ein Fallgatter und eine Zugbrücke über einen „Felsgraben ansehnlicher Tiefe" für die Absicherung des Tores. Ein als Erker an der Salzachseite angebauter Wachturm wurde zwischen Mitte und Ende des 18. Jahrhunderts entfernt.

Betrat man um 1612 die Stadt durch das Klausentor, erblickte man zwischen den ersten Häusern der Gstättengasse rechter Hand das in den Berg gehauene Kirchlein „Zu Unserer Lieben Frau Am Bergl", das dem großen Bergsturz von 1669 zum Opfer fiel. Der flußseitig durch eine niedere Mauer geschützte Weg führte direkt durch die Gstättengasse zum Inneren Gstättentor und von hier weiter ins Zentrum der Stadt.

Stadtauswärts führte die Straße an einem in den Felsen gehauenen, verschlossenen Gewölbe vorbei. Nach 1921 diente diese 5 Meter tiefe, 3,5 Meter breite und etwa 1,8 Meter hohe Felsaushöhlung einem Schuster als Werkstätte. 100 Jahre davor zahlte eine gewisse Katharina Ladstädterin jährlich 40 Gulden für die Miete dieses „Geschäftslokals", das vielleicht von daher auch unter dem Namen „Groschenloch" bekannt war[47].

Weiter ging der Weg durch die Vorstadt Mülln über den Hügel und vorbei am Laufener oder Schergentor bis zum Müllegger Tor, heute auf dem Gebäude der Landeskrankenanstalten.

Mülln samt dem Schloß Müllegg war von einer eigenen Mauer umgeben. Im Bärengäßchen beginnend, zog sich die Mauer über das Laufener Tor (heute Gaswerkgasse) hinter dem Schloß vorbei bis zum Müllegger Tor, um sodann in fast gerader Linie über die Felder beim Wartelsteintor zu enden.

Die größten Veränderungen um das Klausentor ereigneten sich wohl mit Beginn der Salzachregulierung. Im Sommer 1851 trat eine technische Kommission „zum Bau einer Kaimauer vom Klampferer- bis zum Klausentor"[48] zusammen. Bis zu dieser Zeit breitete sich der Fluß bis hin zum Fuße des Felsens unter dem Tore aus. Bereits 1855 wurde die Zugbrücke entfernt und der darunter gelegene tiefe Graben mittels Mauerpfeilern und einer festen Fahrbahn überbrückt.

Die Regulierungsarbeiten begannen 1859 im Bereich der Gstätten, wobei als Auffüllungsmaterial unter anderem auch die Quader der Ursulinenmauer Verwendung fanden.

Hochfliegende Pläne des Bauunternehmers Carl v. Schwarz sahen auf dem Platz des heutigen Museums eine großangelegte Schiffslände vor, zumal zu dieser Zeit große Hoffnungen in die Zukunft einer Salzach-Schiffahrt gesetzt wurden. Einer reichen Literatur darüber kann entnommen werden, wie alle diese ehrgeizigen Bestrebungen allmählich „versandeten".

Das Klausentor der Gegenwart als Haus Ursulinenplatz 12 ist im Eigentum der Stadt und wird von zwei Familien bewohnt. Zwei kleine quadratische Fenster in der Toraußenseite erinnern heute noch an die Zugbrücke, deren Ketten bzw. Seile durch diese beiden Öffnungen gezogen wurden. Die verschiedenen Felsgewölbe vor und hinter dem Tor, darunter auch das „Groschenloch", sind bis heute erhalten geblieben.

Eine Beschreibung des Klausentores wäre unvollständig ohne Hinweis auf die hoch darüberliegende, 1895 erschlossene Naturplattform. Diese nach Alexander von Humboldt benannte Terrasse gewährt einen besonders lohnenden Ausblick über die Stadt.

Das Klausentor

Auf den Spuren der alten Römer – denn bereits zu dieser Zeit bildete die Müllner Hauptstraße einen bedeutenden Verkehrsweg – führen wir unseren Rundgang weiter, bis nach wenigen Gehminuten das Bärengäßchen zum Fluß hin abzweigt. Dem folgen wir und treten sodann durch einen alten Hausdurchgang ins malerische Salzachgäßchen.

Das Salzachtor

Das Salzachgäßchen unterhalb des Müllner Hügels war viele Jahrhunderte lang einer der wichtigsten Standorte für die Mühlen der Stadt.

Gespeist vom Wasser des Almkanals, wurde schon vor dem 12. Jh. eine Reihe von Mühlen betrieben, die mit ihren Produkten einen erfolgreichen Handel führten. Neben den privaten Unternehmen bildeten die Mühlen des Domkapitels, des St.-Peter-Klosters, des Klosters Nonnberg und die „fürstliche Mühle" einen nicht unbedeutenden Wirtschaftsfaktor.

Die Mühlen standen, wie man heute noch sehen kann, in dem Viertel um Bärengäßchen und Salzachgäßchen, am Fuße des Müllner Hügels zur Salzach hin. Die Müllner Hauptstraße bildete bereits eine geschlossene Häuserfront, der sich die Gebäude des Salzachgäßchens bis hin zum Salzachtor anschlossen. Mit diesem Tor endeten die Befestigungsanlagen des linken Salzachufers. Es wird angenommen, daß auf halber Höhe des heutigen Bärengäßchens ein weiteres Tor zur Salzach führte.

Die Stadtmauer zog sich vom Salzachtor in einem leichten Bogen bis zum Laufener Tor und weiter bis zum Müllegger Tor. Über das Aussehen dieser beiden Tore ist jedoch nur wenig bekannt.

Der kurze Anstieg des pflastersteinbewehrten Salzachgäßchens bringt uns nun hügelan zu einem frequentierten Kreuzungspunkt, wo Müllner Hauptstraße und Gaswerkgasse ineinander übergehen. Jedoch nicht erst in unserer Zeit, auch schon in früheren Tagen herrschte an diesem Ort rege Betriebsamkeit, der auch das hier erbaute Tor weichen mußte.

Das Laufener Tor

Das Mülln der damaligen Zeit bestand aus nur wenigen Häusern, der heutige Stadtteil Lehen war, bis auf wenige Bauernhöfe, unverbautes Land.

Das ehemalige Laufener oder Schergentor am Fuße des Müllner Hügels bildet heute eine stark befahrene Durchfahrt für den gesamten städtischen Verkehr. Müllner Hauptstraße, Gaswerkgasse, Lindhofstraße, die Einfahrt zu den Landeskrankenanstalten und der Parkplatz des in unmittelbarer Nähe befindlichen Augustiner-Bräustübls ließen diesen Platz vor dem ehemaligen Tor (neben Schergentor auch noch Lieferinger oder Müllner Tor genannt) zu einem neuralgischen Verkehrsknotenpunkt werden.

Um 1442 wird von einem Müllner Gerichtsdiener berichtet, der dieses – schon vor 1380 bekannte – Tor bewohnte und von dem die volkstümliche Bezeichnung „Schergentor" abgeleitet wird. Ähnlich dem Klausentor führte auch hier eine hölzerne, überdachte Stiege zu einem Wohngeschoß oberhalb des Tores. Durch das Tor führte die Post- und Landstraße nach Bayern und weiter ins Reich. Innerhalb des Tores gelangte man zuerst über die Brücke eines Almzweiges und dann weiter über den Müllner Hügel zum Klausentor.

1684 wurde neben dem Tor das Irren-Siechenhaus errichtet. Zunehmendes Verkehrsaufkommen machte aber schon bald breitere und bequemere Verkehrswege erforderlich. Diesem Umstand wurde im Jahre 1790 Rechnung getragen, indem man die Mauer vor dem Laufener Tor „um mehrere Schuh"[49] zurücksetzte, um so Raum für die Straße zu schaffen, „da diese durch die Vormauern der beyderseitigen Gärten und Gründe zu großer Unbequemlichkeit der Reisenden zu sehr eingeengt war"[50].

1851/52 wurde das Torhaus mit der angrenzenden Irrenanstalt verbunden, einer Nachfolgeeinrichtung des Irrenhauses hinter dem Bruderhaus bei St. Sebastian, die nach dem Stadtbrand von 1818 nach Mülln verlegt worden war.

Als diese Anstalt nach 1892 auf das damals außerhalb der Stadt liegende Gelände der heutigen Landesnervenklinik übersiedelte, wurden die an das Laufener Tor angrenzenden Gebäude Zug um Zug für Zwecke der Salzburger Landeskrankenanstalten adaptiert. Das Tor selbst wurde im Zuge der fortwährenden Umbauten immer mehr seiner ursprünglichen Gestalt und Substanz beraubt, bis es schließlich sein nunmehriges, städtebaulich bangloses Aussehen erreichte. Heute erinnert nur noch eine Inschriftentafel von 1769 innerhalb des Torbogens an den Bestand dieses Tores.

Unser historischer Spaziergang geleitet uns in ein Gebiet, in welchem wir ein altes Stadttor kaum vermutet hätten: durch das Gelände des Landeskrankenhauses nämlich verlief bis fast in unsere Tage die Müllner Hauptstraße, welcher nun folgend wir nach ein paar hundert Schritten ein imposantes Torgebäude finden, quer über unsern Weg gebaut.

Das Müllegger Tor

Ein wahres Schloß mit sieben Türmen am Westrand des Vorortes Mülln, baulich jedoch bereits in schlechtem Zustand, als Erzbischof Johann Ernest Thun am 18. April 1688 die gesamte Anlage um 6000 Gulden und 100 Dukaten „Leykauf" (eine damals übliche Garantie für die Unveränderbarkeit von Kaufabsprachen) erwarb[51].

Hauptmann Johann Christoph Grimming, Nachkomme einer altverdienten salzburgischen Edelmannsfamilie, war der letzte Eigentümer dieses Anwesens „der Herren von Grimming", deren Geschichte mehrere Jahrhunderte zurückreicht und die Existenz des früheren „Grimmingtores" um 1380 bestätigen könnte. Nach dem Ankauf durch Johannes Ernst Thun wurde das baufällige Schloß niedergerissen. Nur ein Torturm der alten Anlage blieb erhalten und ist seither als das Müllegger Tor allerseits ein Begriff. Die uns heute bekannte Gestalt hatte das Tor bereits 1607 unter Erzbischof Wolf Dietrich erhalten.

Die Außenseite aus weißem Marmor ist, einem Triumphbogen ähnlich, kunstvoll gestaltet in den antik anmutenden Details. Das kurz abgedeckte Gesimse des Torbogens wird durch das große Wappen des Erzbischofs unterbrochen. Einer alten Ansicht F. A. Danreiters zufolge war der hohe Tordurchgang mit einem Fallgatter oder aber mit einer bis zu den Torflügeln herabreichenden zugespitzten starken Holzblende versehen.

Die Torinnenseite ermöglicht den Zugang zu den zwei Geschossen durch den als Stiegenhaus ausgebildeten linken Turm. Der rechte Turm schließt an das Spitalsgebäude an und schafft über die Außenseite Zugang zum Torhaus. Hübner notiert dazu: „Über dem Thorgewölbe sind 2 Geschoße, welche Aestrichböden haben, und zu Getreidekästen bestimmt sind. Auf beiden Seiten des Thores sind schmahle Wohnungen für den Thorsteher, und jedermann aus dem Hospitale, das dieses Gebäude gemeinschaftlich mit der Landschaft unterhält. Auf beyden Seiten der Satteldachung sind kleine Thürme angebracht."[52]

Der Torbogen der Innenseite ist wesentlich höher gebaut als sein äußeres Pendant. Anstelle des Schlosses entstand zwischen 1688 und 1704 nach Plänen des Barockbaumeisters Fischer von Erlach ein Hospital samt einer Kirche, die – in Beziehung zum Stifter dieser wohltätigen Einrichtung – dem heiligen Johannes geweiht wurde.

1695 war der linke Flügel, die Männerabteilung, fertiggestellt. 1699 folgte der Bau der Kirche und der Frauenabteilung, so daß schließlich am 7. September 1705 das umfangreiche Bauwerk feierlich eröffnet werden konnte.

Chronisten zufolge ließ der Erzbischof jedoch alle mit dem Bau zusammenhängenden Rechnungen verbrennen. Niemand sollte je erfahren, welche Summen diese großzügige Stiftung gekostet hatte.

Ursprünglich führte durch das Müllegger Tor die alte Post- und Fahrstraße nach Reichenhall beziehungsweise Tirol. Nach Süden zog sich eine Mauer, vorbei am heutigen Aiglhof bis zum Wartelsteintor, um hier an den behauenen Felsen des Mönchsberges anzuschließen.

Über die Qualität der Befestigungsanlage in diesem Stadtteil ist wenig bekannt. Schon die Ausführung der Torfassade läßt jedoch mehr auf eine friedliche Nutzung des Gebäudes denn auf kriegerische Auseinandersetzungen schließen. Lediglich aus dem Jahre 1813 wird berichtet, daß während der Belagerungszeit unter bayerischer Herrschaft das Müllegger Tor außen verschanzt wurde.

Die Stadtmodernisierung zu Ende des 19. Jahrhunderts veränderte die Umgebung des Tores in hohem Maße. 1896 wurde der Spitalsfriedhof aufgelassen und weiteres freies Baugelände für das sich rasch ausbreitende „Johannsspital" verwendet. Bis 1959 führte die verkehrsreiche Müllner Hauptstraße durch das schmale Tor.

Heute steht das renovierte Müllegger Tor inmitten der neugeschaffenen Kliniken und Gebäude der Salzburger Landeskrankenanstalten. Das Geschoß über dem Torbogen ist als Wohngeschoß ausgebaut, während das oberste Stockwerk und die Nebenräume des Tores als Depot für die angrenzende Landesapotheke Verwendung finden.

Das Müllegger Tor

Die Krankenhausanlage an der Westseite verlassend, wenden wir uns am Aiglhof nach links und lenken unsern Schritt stadteinwärts. Ein etwas längerer Marsch führt uns über die Wartelsteinstraße und quer über die Lindhofstraße bis hin zur Augustinergasse am Fuß des Mönchsbergs, in welcher wir – nach wenigen Schritten bergwärts – zum alten Standort eines weiteren Tores kommen.

Das Wartelsteintor

Um es vorwegzunehmen, dieses rätselhafte Tor besteht heute leider nicht mehr. Bis zur Eröffnung des Neutores im Juni 1766 aber erschloß es den wichtigsten Verbindungsweg zwischen dem Vorort Mülln und der damals noch kaum bewohnten, im Moor liegenden Riedenburg.

So wie das Äußere Nonntaltor das Gebiet südwestlich des Mönchsberges erschloß, sorgte das Wartelsteintor (um 1429 auch „Rietenburgtor" genannt) im Westen für die kürzeste Verbindung zwischen der Stadt und der außerhalb der Befestigungsanlagen befindlichen Siedlungen.

Es war ein auf Verteidigung ausgerichteter bewohnter Torturm, der sich zwischen der vom Mönchsberg herabführenden Stadtmauer und dem nahe vorbeifließenden Almbach an die Befestigungen anschloß. Die Errichtung wird um das Jahr 1330 angenommen, als Müllegger Tor und Schergentor bereits Teil der Müllner Stadtmauern waren. Um diese Zeit wird von einer neugebauten Mühle beim „Wartelstain" berichtet.

Ähnlich den Gärten vor dem Kumpfmühltor wird diese Gegend im Bereich des heutigen Bräustüblgartens beziehungsweise des großen Parkplatzes zur Lindhofstraße hin „das Paradeys zu Wartlstein"[53] genannt. In unmittelbarer Nachbarschaft (Augustinergasse Nr. 14) befand sich die Wachsbleiche und der spätere Sitz „Strahlheim", der sich bis auf das Jahr 1423 zurückführen läßt.

Ausführliche Dokumentationen über dieses Tor mit dem früheren Standort in unmittelbarer Nähe des Hauses Augustinergasse 12 fehlen, obwohl es während des Belagerungszustandes unter bayerischer Regierung 1813 als wehrfähig galt. Auch die graphischen Darstellungen sind, soweit vorhanden, hinsichtlich der architektonischen Ausführung unergiebig.

Bis um 1830 soll das Wartelsteintor noch bewohnt gewesen sein. Man nimmt an, daß es etwa Mitte des 19. Jahrhunderts abgetragen worden ist. Brettenthaler schreibt darüber:

„Frau Prof. Nora Wattek, Besitzerin des alten Vordermeiergütls (Mönchsberg 25 nächst Mönchstein bzw. dem Johannsschlößl), verwies auf einen nahe ihrem Hause befindlichen, heute im Gebüsch verborgenen Eingang zu einem unterirdischen Gewölbe, offenbar dem Fundament und Rest eines früheren Hochbaues, vielleicht jenes Wartelsteinturmes ... Der gesuchte Turm dürfte also mit hoher Wahrscheinlichkeit hier gestanden sein, und das gleichfalls verschwundene Tor wenige hundert Meter in Luftlinie darunter in der jetzigen Augustinergasse könnte von ihm den Namen übertragen bekommen haben."[54] Das Haus Augustinergasse 12, lange Zeit als Wallner-Mühle bekannt, ist heute Lager- bzw. Verkaufsplatz eines Holzunternehmens.

Bis 1937 hat die heutige Augustinergasse den Namen Wartelsteingasse getragen. Im Zuge der starken Besiedlung dieses Gebietes bildete sich ein Verbindungsweg zwischen Lindhofstraße und Aiglhofstraße, nämlich die uns heute bekannte Wartelsteinstraße.

Steigen wir nun – abgeschieden von Verkehrsgewühl und Straßenlärm – die Augustinergasse hinan und wenden uns nach rechts dem Mönchsberg zu, so kommen wir nach dem Passieren der anmutig gelegenen Müllner Kirche und über zwei von dichtem Grün umkränzte Straßenwindungen an einen Bau, dessen vormalige Funktion auch heute noch das Äußere prägt.

Die Monikapforte

Als Abschluß der Befestigungsanlagen auf dem Mönchsberg wurde ein weiteres Tor, die Monikapforte, gebaut. Müllner Schanze, Augustinuspforte, die angrenzenden behauenen Felsen mit den Mauern des Mönchsberges und die Monikapforte boten der Stadt nun sicheren Schutz von Norden und Westen her. 1638 unter Erzbischof Paris Lodron in Gestalt eines Blockhauses erbaut und mit einer Aufziehbrücke über einen sehr tiefen und breiten Graben versehen, wurde diesem Tor zusammen mit der oberen Augustinuspforte namhafte Stärke verliehen. Das äußere Portal, dem Steintor ähnlich, bildet einen Rundbogen mit zwei massiven gequaderten Torpfeilern und einer breiten, marmornen Inschriftentafel unter dem ausladenden Abschlußgebälk. Darüber befindet sich ein Wohngeschoß mit drei tiefliegenden kleinen Fenstern in mehr als ein Meter dicken Außenmauern. Als Baustoff diente das Material des Berges.

Das Innere des Hauses Mönchsberg 30 wurde von den derzeitigen Bewohnern zu einer komfortablen Wohnung umgebaut, wobei die historische Funktion dieses Bauwerkes besondere Berücksichtigung fand. Zum Tor gehört weiters ein ca. 1500 m² großer Garten, der an die Schanze angrenzt und von den Bewohnern des Tores betreut wird.

Die ursprünglich vorhandene Zugbrücke wurde 1870 anläßlich der Übernahme der Tore durch die Stadtgemeinde entfernt und durch eine Brücke, gebaut auf Steinpfeilern, ersetzt.

Zwischen der Monikapforte und der Augustinuspforte lag früher ein Zwinger, der aber um 1895 durch das Anlegen der Straße auf den Mönchsberg tiefgreifende Veränderungen erfuhr. Lediglich ein kleines Wachtürmchen beim Aufgang zur ehemaligen bayerischen Aussicht erinnert noch an diese Befestigungsanlage. Ein Wandnischenbrunnen (aus der Zeit des Erzbischofs Sigismund Schrattenbach, mit der Jahreszahl 1756) auf der linken Wegseite spendet Bergwanderern im Sommer kühle Erfrischung.

Heute bilden diese beiden erhalten gebliebenen Tore durch das Zusammenwirken von Standort, Bauart und Baumaterial eine architektonisch sehr reizvolle Einheit. Nischen und Beschläge im Torbereich erinnern auch in unseren Tagen noch an den ernsten Anlaß der Errichtung dieser Wehranlagen während des Dreißigjährigen Krieges. Die heilige Monika (331–387), Mutter des heiligen Augustinus und Patronin aller Mütter, gab diesem Tor den Namen.

Der untrennbaren Bezogenheit des hl. Augustinus zu seiner Mutter Monika entspricht die enge Nachbarschaft der zwei nach diesen beiden benannten Pforten. So ist es uns hier möglich, auch ohne einen Schritt zu tun, gleich der Betrachtung eines weiteren Tores uns zu widmen.

Die Augustinuspforte

Um die Stadtbefestigung zu verstärken, begann Erzbischof Paris Lodron 1621 an dieser Stelle mit der Behauung und Zurichtung der Felswände des Mönchsberges. Gleichzeitig mit den Arbeiten zur Müllner Bastei wurde der Bau eines entsprechend gesicherten Tores begonnen.

Bis dahin war dieser Mönchsbergaufgang lediglich durch ein versperrbares „Thor bei dem Friedhof der Kirche zu Mülln"[55] gesichert. Das Stadttor wurde sehr rasch vollendet; ein Torbogen mit einem zweigeschossigen „Blockhaus" darüber, von welchem heute noch vorhandene Treppen zu den Fortifikationsmauern mit ihren vielen Wachttürmen führten, bildete den Abschluß des Mönchsberges und damit eine kaum überwindbare Sperre.

„In der Nähe dieses Thores befindet sich eine Wassercisterne nebst einem Leyerbrunnen"[56], berichtet Hübner. Der Gepflogenheit der Zeit entsprechend und mit besonderer Beziehung auf das naheliegende Kloster wurde die Pforte dem heiligen Augustin (354–430), „dem ersten Vorwerke Afrikas, dem wuchtigen Hammer gegen die Irrgläubigen"[57], geweiht.

Bergwärts führt die Straße durch einen Hohlweg, vorbei am sogenannten Convict-Schlößchen, dem heutigen Hotel Mönchsstein, das erbaut ist auf einem kleinen Hügel mit „überaus angenehmer Aussicht nach dem jenseitigen Theile der Stadt, über das ganze Gnigler-Thal, den ganzen Salzastrohm bis Laufen hinab, und die ganze breite Fläche nach Bayern"[58].

Heute trägt die Augustinuspforte die Hausnummer 28 und ist, wie alle anderen noch erhaltenen Stadttore, im Besitz der Stadtgemeinde. Dieser dient das über Außentreppen zugängliche Geschoß direkt über dem Torbogen zur Zeit als Lagerraum. Die im Inneren ausgebuchtete Tordurchfahrt zeigt verschiedene Öffnungen und in den Stein gehauene Vertiefungen, die der Verriegelung des Tores dienten. Das obere Geschoß ist bewohnt und mittels eines schmalen Weges an der Innenseite der Mauer erreichbar. Direkt an die Pforte angebaut, zwischen den beiden Toren über wenige Steintreppen zugänglich, befindet sich ein kleines bewohntes Häuschen (Mönchsberg 29).

Wenige Schritte davon entfernt hat ein vollkommen erhalten gebliebenes Wachtürmchen die Zeiten überdauert. Besonders an dieser Stelle des Mönchsberges, dem Windischberg, ist der Eindruck der damaligen Befestigungsbauwerke mit Toren, Mauern und Schanzen unverfälscht und eindrucksvoll erhalten geblieben.

Nach dieser ausgedehnten Rast führt unser Gang durch Salzburgs Wehrgeschichte nun weiter auf den Berg. Wir schreiten durch die Augustinuspforte den schattigen Waldweg entlang, der uns – vorbei am noblen Hotel Mönchsstein – geleitet zum Gebiet der alten Bürgerwehr, von deren repräsentativem Stolz man heute noch zu spüren meint.

Das Bürgerwehrtor

„Die Bürgerwehr" auf dem Mönchsberg galt seit ihrer Entstehung zwischen 1465 und 1480 als Teil der Stadtmauer und besaß alle für die Verteidigung erforderlichen Baulichkeiten, wie Torsperre, Zwinger, nicht weniger als fünf Türme, eine Bastei und einen Graben.

An der schmalsten Stelle des Mönchsberges, über dem Gstättentor, bildeten die Mauern mit dem Tor die Verlängerung der Stadtgrenze und teilten damit den Mönchsberg in einen „inneren" der Stadt zugehörigen Teil und einen „äußeren" dem Vorort bzw. der Pfarre Mülln angeschlossenen Abschnitt.

Beschrieben wird die Bürgerwehr anhand alter Ansichten als ein mit Türmen befestigtes, römisches Standlager, vergleichbar einem großen Zwinger, der die gesamte Breite des Bergrückens einnahm.

Mit Hilfe alter Rechnungsbücher kann man auf die verschiedenen Bauabschnitte rückschließen. So wird 1486 von der Errichtung eines massiven Palisadenzaunes bei der Bürgerwehr auf dem Mönchsberg berichtet und gleichzeitig von einem Lokalaugenschein für den ein Jahr darauf erfolgten Neubau eines Zwingers. Das eigentliche Bürgerwehrtor befand sich in einer etwas vorgelagerten Wehranlage, geschützt durch den angrenzenden Felsen mit einer darüberliegenden Brustwehr – ähnlich den Basteien, wie sie um diese Zeit auf der Festung bestanden. So wie bei den anderen Stadttoren kann auch bei diesem flachbogigen und verriegelbaren Tor der Bürgerwehr angenommen werden, daß ihm eine Zugbrücke vorgelagert war. Eine kleine rechteckige Öffnung an der Außenseite könnte ein Hinweis darauf sein.

Dieses „unterirdische Tor", wie es Lorenz Hübner nannte, ist erhalten geblieben und bildet von der Bergstation des Mönchsbergaufzuges her den Eingang zu den heute noch bestehenden Anlagen der Bürgerwehr.

Eine mit Zinnen versehene Bruchsteinmauer mit rundbogigem Durchgang und der Jahrzahltafel 1487–1488 verbindet den aus wichtigen Quadern mit Luken und Schlitzen erbauten, früher auch als Arrest für Sträflinge dienenden, aber seit jeher bewohnten Bürger- oder Bürgerwehrturm mit dem am äußersten südwestlichen Felsrand stehenden „St. Marienpulverturm". Dieser wurde in unserer Zeit in ein mehrgeschossiges, gepflegtes Wohnhaus umgestaltet. Vom Bürgerwehrturm setzt sich die Mauer, mit den noch erkennbaren Vorrichtungen für die Wehrgänge, über eine Turmruine bis zu einem Gasthaus fort und endet am nordöstlichen, ebenfalls bewohnten Eckturm. Die Terrasse vor dem Gasthaus und vor dem Turm ermöglicht einen lohnenden Blick über die Stadt.

Vom Bürgerwehrtor weg verläuft unser Weg nun durch ein einfaches Mauertor neben dem Bürgerwehrturm und wechselt damit vom äußeren in den inneren Teil des Mönchsberges, führt uns weiter über das Neutor hinweg, vorbei am Barbara-Turm bis hin zur Eduard-Richter-Höhe, die einen herrlichen Rundblick bietet über die Landschaft zwischen Gebirge und Stadt. Vorbei am Roten Turm oder Frey-Turm, gelangen wir an ein Tor, dessen Benennung unmittelbar in seiner Entstehung gründet.

Die Bürgermeisterpforte

Insgesamt bot der Mönchsberg durch seine natürliche Lage und die behauenen Felswände ausreichend Schutz für die Stadt. Drei Schwachstellen mußten allerdings besonders geschützt werden: Die Einsattelung Bucklreuth zwischen Mönchsberg und Rainberg, der Auslauf des Mönchsberges nach Mülln und die niedere Mulde der Scharte zwischen Mönchsberg und Festungsberg.

Erzbischof Paris Lodron ließ deshalb in diesem gefährdeten flachen Sattel als westlichen Anschluß an die Festung eine hohe, starke Wehrmauer errichten und eine Marmortafel anbringen mit der kurzen wie treffenden Inschrift: „Mit diesem Wall schloß das Tor Paris aus dem Grafengeschlecht Lodron, Erzbischof, 1635". 230 Jahre später wurde unter Bürgermeister Ritter von Mertens ein Torbogen durch die damalige Stadtmauer gebrochen und der Weg am 4. April 1863 dem allgemeinen Verkehr übergeben. Damit war nicht nur dem Bürgermeister gedient, dem damaligen Besitzer und Bewohner der nahegelegenen „Villa Berta" (später Schloß Weinberg, heute Brunnhausgasse 29), sondern natürlich auch vielen Einwohnern, denen damit zwischen dem Nonntal und der Altstadt ein verkürzter Verbindungsweg zur Verfügung stand. Die damals eher spöttisch gemeinte Bezeichnung „Bürgermeisterloch" blieb bis in die heutige Zeit erhalten.

Als südlicher Aufgang auf den Mönchsberg führt heute der nach dem Kunsthistoriker Hans Sedlmayr benannte Gehweg – begleitet von einem Almzweig (dem Stiftszweig), der unter einer großen Holunderbaumgruppe in den Bergstollen einmündet – von der Brunnhausgasse leicht ansteigend zum Bürgermeisterloch (nicht zu verwechseln mit dem nahegelegenen Schartentor).

Die Monikapforte

Ein kleiner Abstecher von unserm Rundgang führt uns hinab zur Brunnhausgasse; sie zweigt nach rechts zur Sinnhubstraße, vorbei an jener schon erwähnten Villa Berta. Stadteinwärts nehmen wir den Weg, bis wir nahe dem Hause Nr. 25 an eine Stelle kommen, die in alten Zeiten von einiger Bedeutung war.

Das Römertor

Eine Mauer, die sich vom Mönchsberg herunter zu den Peter-Weihern zog und mittels eines Torturmes noch Anfang des 19. Jahrhunderts die Sinnhubstraße sperrte, gab Anlaß für abenteuerliche Spekulationen und Deutungen.

Zwischen Untersberg und Mönchsberg bzw. Rainberg sollte während der Römerzeit eine quer durch das Moor gezogene Mauer, die auch unter „Römermauer" oder „Pestmauer" in die Literatur eingegangen ist, als Talsperre feindliche Angreifer abhalten.

Wenn auch ein solches Bauwerk auf Moorboden in diesem Umfang als eher unwahrscheinlich erscheint und es dafür auch keine Belege gibt, so sind die Berichte von Augenzeugen über den Torbogen in der Sinnhubstraße doch beachtenswert.

Josef B. Schlachter verfaßte 1734 mehrere unterschiedlich bewertete Schriften über Salzburg, die über eine alte römische Burg oder Feste auf dem Rainberg und, als Rest davon, eine römische Pforte schildern.

Von L. Hübner noch als „Sage" übernommen, gab es aber in der folgenden Zeit Berichte von Zeitgenossen und Forschern wie z. B. Dr. A. Prinzinger, die doch zu einem abgerundeten, wenn auch nicht vollständigen und immer noch fragwürdigen Bild des sogenannten „Römertores" führen. Die Pforte, die nach ihrer örtlichen Lage den eigentlichen Stadttoren nicht zugerechnet werden kann, stand nach den vorhandenen Beschreibungen ungefähr auf der Höhe der heutigen Sinnhubstraße 25, nach Art römischer Triumphbögen erbaut und „mit allerhand Bildern geziert, die aber alle, einige Genien mit Loorberkränzen ausgenommen, zerschlagen waren" (Dr. A. Petter). Letzte Informationen beschreiben das Tor als einen befestigten Torturm mit zwei gemauerten Wänden in der Durchfahrtsrichtung und einem darübergebauten, einstöckigen Holzblockhaus mit Schießscharten und spitzem Zeltdach, im 18. Jahrhundert noch der Befestigung dienend.

Der Fahrweg, wegen des nebenanliegenden Moores etwas erhöht an den Berg gebaut, war ein sehr alter Weg und führte, der Nonntaler Hauptstraße und der Sinnhubstraße folgend, vom Nonntal oder Kai (den Teilen der ehemaligen Römerstadt) durch das Tor nach Maxglan und von dort weiter nach Reichenhall, Chiemsee bzw. Augsburg.

An das Tor angebaut lag auf der Mönchsbergseite ein niederes Wachhaus, das neben dem Blockhaus über dem Tor zugleich auch als Wohnstube diente. An die freie Seite schloß ein Mauerstück an, über dessen weiteren Verlauf jedoch keine näheren Angaben möglich sind.

Erst 1830 wurde das Tor abgebrochen und die Steine als Baumaterial für eine größere Wachstube bzw. ein Wohnhaus am Berghang verwendet. Später bestätigten ein Priester aus dem Oberpinzgau und eine Verwandte der Besitzerin des letzten Bauwerkes den Bestand dieses Tores: „Da fand sich auf dem ... Markt unter den Dombögen ein ganz unscheinbares Aquarellbildchen, das der Käufer zuerst für die drastische Darstellung irgend eines Brandes oder einer intensiven Morgenröthe, der stark aufgesetzten rothen Lichter halber, hielt. Bei näherer Betrachtung konnte man aber den Rainberg vom Süden gesehen erkennen, mit einem Gebäude in der Mitte des Bildes und am Fuße des Berges. Zur freudigsten Überraschung des Käufers war auf der Rückseite des Blattes in zeitgemäßer Schrift zu lesen: ‚Ofenlochberg mit einem Thore und Mauerwerk der alten Stadt Juvavia, den 28. Februar 1815'."[59] Der beschriebene Mauerrest ist bis heute zwischen den Häusern Sinnhubstraße 25 und 27 erhalten geblieben.

Nach diesem Ausflug in das Reich der ungesicherten Vermutung zurück zu festen Tatsachen, zu unverändertem Gestein. Unsern zuvor genommenen Weg umkehrend, halten wir nun wieder auf den Mönchsberg zu, durchqueren die uns schon bekannte Bürgermeisterpforte und biegen rechts in den nach Oskar Kokoschka benannten Weg. Von hier weg sind es nur noch ein paar Dutzend Schritte zu der berühmten Scharte.

Das Schartentor

Obwohl der Mönchsberg viele Vorzüge hinsichtlich der Stadtverteidigung bot, galt besonders die südliche und westliche Seite doch nicht als unbezwingbar. Das zeigte sich, wie zuvor schon erwähnt, besonders bei den Einsattelungen Bucklreuth bzw. zwischen Festungsberg und Mönchsberg, der Scharte.

Zur Zeit der zweiten Stadtbefestigung um 1480 erbauten die Salzburger Bürger „das Haus oder das Bollwerk auf der Scharte", um zum einen den einzigen Zugang zur Festung zu verhindern, aber auch um den Weg durch die Scharte zur Stadt entsprechend verteidigen zu können.

Diese Bastion oberhalb des Friedhofes von St. Peter, seit jeher unter dem Namen „die Katze" bekannt, wurde 1635 unter Erzbischof Paris Lodron durch eine quer zur Scharte laufende starke Wehrmauer mit der Errichtung des Schartentores verstärkt und mit einer eigenen Zisterne ausgestattet.

Innerhalb der Festung nimmt das Schartentor (auch Katzentor) den Platz des vierten Sperrbogens ein. Die besondere strategische und funktionelle Lage zwischen der westlichen Spitze der oberen Hasengrabenbastei und der „Katze" rechtfertigen jedoch die Beschreibung dieses Tores als Stadttor.

Nachdem 1635 im Zuge des Quermauerbaues von Santino Solari vorerst nur das Tor errichtet wurde, erfolgte 1643 der Aufbau des darüber liegenden rechteckigen Wohnhauses, mit kleinen Fenstern in den zwei Stockwerken, die heute Salzburger Pfadfindern als Unterkunft dienen.

Die mächtige, tonnengewölbte und sich nach innen trichterförmig öffnende Tordurchfahrt mit dem noch vorhandenen Schlitz für das Fallgitter nimmt den größten Teil des Untergeschosses ein und zeigt innen ein Segmentbogenportal ohne großen gestalterischen Aufwand. Der starke Drehbolzen eines Torflügels, die Mauerlöcher für schwere, vierkantige Querriegel und eine runde Öffnung hoch oben im Torgewölbe, durch die früher heißes Pech oder Öl auf Angreifer geschüttet wurde, erinnern uns heute noch drastisch an die ehemalige Aufgabe dieses Tores.

Die Außenseite der Anlage wird von dem aus behauenen Quadern und ebenfalls aus Segmentbögen bestehenden Tor mit einfachen Eckbändern sowie der in das Torgebäude eingeflochtenen Mauer zur Festung beherrscht. Über dem Torbogen finden wir eine Inschriftentafel, die über die Errichtung dieser Wehrmauer im Jahre 1635 an diesem zuvor nicht befestigten Ort Auskunft gibt. Zwischen der

Tafel und den Fenstern des ersten Geschosses ist das marmorne Wappen Paris Lodrons in das Mauerwerk eingelassen.

Der Platz um die Scharte hat sich im Laufe der Zeit stark verändert. Aus der Regierungszeit Wolf Dietrichs, als die Scharte noch Richtplatz war, ist uns überliefert, daß an dieser Stelle im Jahre 1606 Caspar Vogel, ehemaliger Pfleger zu Zell im Pinzgau, und die beiden Bauern Keil und Guthund mit dem Schwert hingerichtet wurden[60]. Auf Befehl des Erzbischofs mußten die Hinrichtungs- und Begräbniskosten aus dem Nachlaß des Caspar Vogel bezahlt werden[61].

Die wenigen Pfade, die früher zu den Befestigungsanlagen führten, sind heute zu einem weitverzweigten Wegnetz ausgebaut und erschließen vielen Erholungsuchenden den Mönchsberg als „Grüne Lunge" inmitten der Stadt.

Dem Festungsblock den Rücken kehrend, wandern wir nun den Weg zurück, vorbei am einstmaligen Abtsturm – dem heutigen Hutary-Haus –, genießen einen weiten Blick über die unter uns gelegene Altstadt, bis wir zu guter Letzt die Edmundsburg erreichen, am oberen Ende jener Stiege, die in den Toscaninihof hinunter führt.

Die Mönchsbergpforte

Zwischen Klausentor und Nonntaltor stand der Mönchsberg als natürlicher Schild vor der Altstadt Salzburgs. Die Abgänge zur Stadt beschränkten sich auf eine teils steinerne, teils hölzerne Stiege zwischen der inneren und äußeren Nonntalklause sowie der steinernen, früher gedeckten Nonnbergstiege, die heute in die Kaigasse mündet. Dazu gesellen sich der „nunberger Wagenweg", der heute als Festungsgasse zum Kapitelplatz führt, und die Mönchsbergstiege bei St. Peter. Die Klosterstiege zum Nonntaltor, die Nonnbergstiege und die Festungsgasse waren gemeinsam durch das Äußere Nonnbergtor, das Schartentor und natürlich durch die Festung selbst geschützt. Für die Treppe zwischen dem hochfürstlichen Marstall und dem Meierhaus des Stiftes St. Peter am Ende des Küchengartens der Franziskaner, die auch als Ersatz für die schon seit dem 12. Jahrhundert bekannte, in den Felsen gehauene St.-Peter-Stiege gilt, mußten daher besondere Sicherheitsvorkehrungen getroffen werden, um im Ernstfall diesen Stadtzugang abriegeln zu können.

Der Weg wurde damals als steinig, steil und holprig beschrieben. Am 14. Jänner 1654 baten die „gesammten Inwohner und Erbrechter am Minichperg", daß ihnen als Zugang zu ihren Häusern „bei dem Hofstall ein kleiner Fußweg mit Aufrichtung eines Schnöllbrüggls oder Stiegen, die man zur Versicherung des Berges jedesmal leicht abwerfen könnte" genehmigt werde[62].

Die Errichtung einer überdeckten Stiege wurde schließlich am 9. Mai 1654 bewilligt. Der neue Aufgang zählte 287 Stufen, war an das Gebäude des Marstalls angebaut und führte ein kurzes Stück entlang der Sommerreitschule ungefähr bis auf halbe Berghöhe. Von dort weg änderte der Steig die Richtung und führte bergwärts weiter dicht am Felsen bis zu einem Tor in dem auf das Naturgestein aufgesetzten Stadtmauerteil. Von hier verlief der Weg weiter zur Mönchsbergscharte oder über das Neutor und die Bürgerwehr zum äußeren Mönchsberg.

Den Treppenaufgang ließ Erzbischof Paris Lodron eigens mit einem Gittertor versehen, an den Hofmarstall wurde ein Wachhaus angebaut, in dem „ein paar Provisoner"[63] wohnten, die das „Steckentor"[64] jeden Abend versperrten.

Ende des 18. Jahrhunderts wird das Tor noch als Nebenpforte erwähnt, 1809 unter französisch-bayerischer Herrschaft jedoch gänzlich abgebrochen, jedoch kurz darauf neu erbaut und am 1. März 1810 wieder dem Verkehr übergeben; den Mönchsbergbewohnern wurde nachträglich noch die Eindeckung zum Preis von 523 Gulden bewilligt. 1813 wurde die Stiege im Verlaufe der Kriegsgeschehnisse von den Bayern neuerdings vermurt, das Tor vermauert. 22 Jahre später sind bauliche Bestände nicht mehr festzustellen. Erst aus dem Jahre 1885 ist eine Erneuerung der Stiege bekannt.

1924/25 wurde der Grundstein für gravierende bauliche Veränderungen rund um Hofstallkaserne und Sommerreitschule gelegt. Das erste Festspielhaus entstand. Die heute bekannte Stiege wurde im Zuge des großen Umbaues 1937 in die Neugestaltung des Festspielhauses mit einbezogen und 1984 nach dem Baumeister des neuen Festspielbezirkes, Clemens Holzmeister, benannt.

Historischer Spaziergang durchs alte Salzburg rechts der Salzach

Beginnen wir den zweiten Teil unseres historischen Spaziergangs, welcher sich ausschließlich den rechts des Flusses liegenden Bereichen Salzburgs widmet, von Süden her, so queren wir die Karolinenbrücke zum rechten Salzachufer hin, wandern stadteinwärts über Rehrlplatz und Imbergstraße, wo wir zur Busstation „Äußerer Stein" bereits nach kurzer Strecke kommen. Zur rechten Hand dahinter gehen Steingasse und Arenbergstraße ineinander über.

Das Äußere Steintor

Der zweite große Ausbau der Salzburger Stadtbefestigung anno 1477 gab den Anlaß für die Errichtung eines bewachten Torturmes am „Pyrglstein", dort wo sich die Steingasse wieder zur Salzach niedersenkt. Es wird angenommen, daß sich schon vor dieser Zeit – eine Torhut wird erst um 1419 bezeugt – an jener Stelle ein Holzbau befand, der auf dieser Seite den einzigen Zugang zur Stadt bewachte. Auf Befehl des Erzbischofs Bernhard von Rohr wurde nun dieses Stadttor von den Bürgern verstärkt und in gemauerter Form errichtet, mit einem Wohngeschoß für den Torwächter. In alten Ansichten sind Schußlöcher an der Wasserseite erkennbar. Über zusätzliche Wehreinrichtungen dieses Tores, das auch unter Paris Lodron nicht mehr verstärkt wurde, ist jedoch nichts bekannt.

Bis zur Salzachregulierung 1862 reichte das Bett des Flusses bis an die Rückseiten der direkt am Wasser liegenden Häuser der Steingasse. Das Ufer folgte ungefähr den Garteneinfassungen an der linken Seite der Imbergstraße. Bis 1892 noch wurden diese Vorgärten vom Gersbach durchflossen, der vor dem Haus Imbergstraße Nr. 1 in die Salzach mündete. Kurz vor dem Äußeren Steintor, auch Bürglsteintor genannt, und weiter an der ehemaligen Lederfabrik „der H. H. Christian Zezi, und Vital Gschwendtner" vorbei führte eine Mauer, die den Fluß vom Fahrweg trennte.

Die Nord-Süd-Verbindung hatte für die Stadt Salzburg schon immer eine sehr große Bedeutung. Wenn im Frühmittelalter der Weg nach Venedig über die Hohen Tauern bevorzugt wurde, so entschied man sich um das 15. Jahrhundert für die kürzere Verbindung über den Katschberg und führte diese – auch „Untere Straße" genannte – Handelsroute zwischen dem Bürglstein und Imberg in die Stadt. Die lange Steingasse, die bis zum Ausgang des Mittelalters die einzige Ausfallsstraße nach dem Süden blieb, wurde früher in drei Abschnitte geteilt: Die alte „Steingasse" vom Platzl bis zum Inneren Steintor, zwischen den beiden Steintoren lag der Stadtteil „am Stein", und außerhalb des Äußeren Steintores begann „die Pyrglau" oder Bürglstein, ein Name, der sich von dem einst in die Salzach vorspringenden Felsen herleitet und schon im 8. Jahrhundert als Grenzmarke genannt wird.

1942 stieß man bei Grabungen vor dem ehemaligen Schloß Bürglstein (heute Schloß Arenberg) auf eine mächtige Mauer, die augenscheinlich den Sattelabschluß zwischen dem Bürglsteinfelsen und dem Kapuzinerberg gebildet hatte. Obwohl darüber weder schriftliche Hinweise noch alte Ansichten greifbar sind, kann die Existenz eines Tores oder aber einer Sperranlage mit Sicherheit angenommen werden.

Durch das Äußere Steintor sollen – nach einer Notiz von 1525 – während der Bauernkriege unter Erzbischof Matthäus Lang Rebellen aus dem Pinzgau durch diese Vorstadt in Salzburg eingebrochen sein. Andere Quellen berichten, daß das Stadttor den Rebellen geöffnet wurde.

In einer Ergänzung von Adolf Frank zur Zillnerschen Häuserchronik sind uns bemerkenswerte Details über das Äußere Steintor überliefert. Zu der Zeit, als sich Bayern und Österreich wegen Salzburg feindlich gegenüberstanden, wurde Ende 1815 dieses Tor wie auch das Lederertor geschlossen und verrammelt. Die Bewohner am Äußeren Stein hatten somit das Vergnügen, um den Fürberg und den Imberg herum in die Stadt gehen zu müssen, wenn sie dort zu tun hatten. Auch der wechselnde Wasserstand brachte unangenehme Auswirkungen mit sich. Bei Hochwasser stand das Tor in den Fluten, und die Fußgänger mußten mit einem Kahn übergesetzt werden. Täglich um 9 Uhr abends wurde das Gitter durch den städtischen „Acciseinnehmer" gesperrt. Erst nach langem Läuten und gegen Entrichtung eines entsprechenden Sperrgeldes wurde gnädiglich geöffnet.

Außerhalb des Tores gab es noch keinerlei Beleuchtung. Erst als 1837 die Stadt ganz neue Laternen mit Reflektoren einführte, wanderten die alten, abgenutzten Öllampen in die Äußere Steingasse hinaus (die übrigens ab 1888 Arenbergstraße genannt wurde). Mehr zum Leide als zur Freude stand das Äußere Steintor noch bis zum Jahre 1832, dann wurde es wegen Baufälligkeit abgetragen.

Ein Wandbrunnen aus Marmor, den der Brunnenliebhaber Erzbischof Guidobald Thun 1660 für den kleinen Platz beim Engelwirt in der Steingasse (heute „Das Kino") errichten ließ, wurde 1890 an die Stelle des alten Torhauses an den Kapuzinerbergfelsen versetzt – als ein Wegweiser für den Ausgangspunkt eines Spazierweges durch die Steingasse ins mittelalterliche Salzburg.

Das Innere Steintor

Gab es ein „Äußeres", wird es wohl auch ein „Inneres Steintor" geben. So folgen wir am besten der Gasse gleichen Namens, bergauf und hügelab, passieren dabei allerhand Geschäfts- und andere Lokale, bis wir nach wenigen Minuten ans Haus mit Nr. 23 kommen – und sind bereits an unserm nächsten Ziel.

Das Innere Steintor

„Dieses liegt am Ende der durch einen sehr schmahlen, selbst für einen Wagen allein sehr behutsam zu befahrenden, zum Glück nicht sehr langen Weg, über eine mäßige Anhöhe zwischen hohen alten Häusern eingeklemmten Steingasse."[65]

So beschrieb Lorenz Hübner, Journalist und Salzburgkenner, den Weg zum Steintor in der hochfürstlich-erzbischöflichen Haupt- und Residenzstadt Salzburg um 1792.

Um 1280 unter Friedrich II. von Walchen, dem ersten und letzten aus Salzburg stammenden Erzbischof, erbaut, zählt es zu den ältesten Toren Salzburgs und bildete noch bis zu Mozarts Zeiten die Grenze des Stadtgebietes. Jenseits begann die Vorstadt Stein.

Zwischen Fluß und Imberg gelegen, war das Tor durch eine Mauer mit der Veste in der Höhe verbunden. Wahrscheinlich um 1262 entstand auf diesem Platz das Trompeterschloß, eine rechteckige, mehrgeschossige Anlage mit zinnengekröntem Turm und einer kleinen Kirche, der 1594 das Kloster der Kapuziner folgte. Lediglich die Nordmauer des Trompeterschlosses wurde erhalten und in den Klosterneubau mit einbezogen. Die Verbindung zum Steintor blieb jedoch immer bestehen und schützte, gemeinsam mit der Mauer zum Inneren Ostertor, den rechten Stadtteil vom Berg her.

Das Steintor, im 15. Jahrhundert auch Judentor genannt (Steingasse 18 und 20: „Haus da die Juden drin sind" und „Jakob der Jud")[66], war viele Jahrhunderte Mittelpunkt reger Handwerksbetriebe. Hafner, Töpfer, Gerber und Färber entnahmen dort das für ihre Betriebe nötige Wasser der Salzach und prägten in hohem Maße die bauliche Entwicklung der Steingasse sowie die Gestaltung der dem Fluß zugewandten Fassaden. Das Haus vor dem Tor, Steingasse 18, mit einem wohlgestalteten Portal von 1568 mit Wappen und eisenbeschlagener Türe, zeigt heute noch im Dachgeschoß die – allerdings verbauten – Lauben eines typischen, alten Färberhauses. Später bezogen Leinenweber und Barchanter diesen Platz als ihr Quartier.

Zwei Märkte waren im Mittelalter für die Versorgung der Bevölkerung des rechten Stadtteiles von Bedeutung: Am Platzl der allgemeine Markt „enhalb der pruggen" und der Getreidemarkt „am Stein", innerhalb der Stadtmauer vor dem Steintor. Das Besondere daran war, daß hier das Getreide in Wagenladungen, also im Großhandel, an die Bäcker zur weiteren Verarbeitung verkauft wurde.

Zum Abschluß der Befestigungsarbeiten auf dem Kapuzinerberg wich das als klein, schmal und alt bezeichnete Tor 1634 einem den militärischen Anforderungen entsprechenden Stadttor und erhielt seine heute bekannte Gestalt. Die Bauarbeiten unter Erzbischof Paris Lodron waren sehr umfangreich. Felsmaterial wurde gesprengt, um einen tiefen Graben zu errichten, der Fahrweg wurde verbreitert und das neue Tor mit einer Zugbrücke und einem Fallgatter ausgestattet. Die Führungsschlitze dazu sind heute noch gut erkennbar.

Das Tor mit seinen beiden (über das Haus Steingasse 23 erreichbaren) Wohngeschossen wurde aus regelmäßigen, behauenen Quadersteinen in Form eines Blockhauses mit gedrücktem Segmentbogentor und der das Haus durchquerenden, tonnengewölbten Durchfahrt erbaut. Eine einfache Pilasterrahmung mit Inschriftentafel unter einem profilierten Sturzbalken und das Wappenrelief des Erzbischofs darüber prägen die eindrucksvolle Außenseite dieses Stadttores. Ein kurzes Stück der Stadtmauer reichte als Abschluß schräg bis zum Fluß hinunter.

Über den Wohngeschossen diente ein mit großen Luken versehener Raum als Vorratsspeicher. In der niederen, etwas ausgebuchteten Tordurchfahrt führt eine halbhohe Eisentüre zu einem kleinen Nebenraum; zwei schräge Guckfenster aus der ehemaligen Wachstube heraus (Haus 23) zeigen die noch erhalten gebliebenen Vorrichtungen, die für die praktische Arbeit eines Torwächters erforderlich waren.

Nach Abschluß der Bauarbeiten wurde das mit einer eigenen Wache versehene, städtische Tor in Anbetracht der nahen Kirche dem hl. Johannes dem Täufer geweiht.

Während der französischen Besetzung 1809 mußten die Befestigungsanlagen ein weiteres Mal verstärkt werden, um sie hauptsächlich gegen Überfälle aus dem Gebirgsland zu sichern. Unter der Leitung französischer Ingenieur-Offiziere wurden täglich 400 „Civilarbeiter" gegen Taglohn beigestellt, auf den Wällen beim Kajetanertor wurde eine neue Batterie errichtet und der Weg am Steintor mit Palisaden versehen sowie neue Vorwerke erbaut[67]. Doch zu großen kriegerischen Handlungen kam es auf diesem Platz nicht mehr.

In der Zwischenzeit war der Graben vor dem Tor zugeschüttet und die Zugbrücke entfernt worden. Eine feste Straße führte über die durch einen Steinbau ersetzte ehemalige Holzbrücke in die verlängerte Steingasse bis zum Bürglstein. Geschäfte und gastronomische Betriebe wurden angesiedelt.

Wenige Schritte außerhalb des Tores befindet sich das „Maison de Plaisir", ein jahrhundertealter Standort für das sogenannte „Frauenhaus". 1486 haben die Abgaben – der Zins von den „gemeinen Töchtern" an die Stadt – 6 Gulden, 4 Schilling und 14 Pfennig[68] betragen, was auf ein nicht allzu ausschweifendes Leben der Stadtbevölkerung und der Gäste in dieser Zeit schließen läßt.

Durch die Neugestaltung eines Objektes am Gisela-Kai direkt unterhalb der ehemaligen Zugbrücke tritt nun die alte Stadtmauer wieder besonders prägnant hervor und gewährt einen eindrucksvollen Blick auf diesen alten Wehrplatz.

Im Mittelpunkt steht das Innere Steintor als Verbindung zwischen den Gebäuden des Gisela-Kais und des Kapuzinerberg. Noch heute vermittelt die Steingasse einen starken Eindruck vom mittelalterlichen Salzburg. Wuchtige Radabweiser, welche die Hauswände vor Beschädigung schützen sollten, sind erhaltengebliebene Zeugen für die schweren Lastfuhrwerke, die den Handel des Nordens mit Italien aufrechterhalten haben.

Die Felixpforte

Wir bringen nun das letzte Stück der engen Gasse hinter uns, betreten dann kurz vor dem Platzl rechts die Imbergstiege. Die vielen Stufen führen uns am Johanniskirchlein vorbei, bis an der Hettwerbastei unsre Mühe mit einem prachtvollen Rundblick belohnt wird: Die ganze Altstadt, von Nonnberg bis Mülln, liegt dem Betrachter zu Füßen. Weiter führt uns der Weg am Kapuzinerkloster vorbei wie auch an sechs Kapellen, die Christi Leidensweg zeigen, senkt sich zur Stadt hin steil bergab und bringt uns schließlich an ein Tor, welches den Geist der alten Zeit auch heute noch zu atmen scheint.

Die Felixpforte

Gemeinsam mit dem bereits 1617 errichteten Franziskustor und der anschließenden Stadtmauer bildete diese 1632 von Paris Lodron erbaute Anlage eine Art Doppeltor, vergleichbar dem Linzer Tor oder den Toren der Monikapforte. Geschützt wurden damit die Häuser der Linzer Gasse und der Weg in die innere Stadt. Das Kloster, errichtet anstelle einer mittelalterlichen Burg, aber zu dieser Zeit nicht mehr befestigt, und die Kirche, deren Zugang nicht abgeschnitten werden sollte, wurden im Zuge der Befestigungsarbeiten auf dem Kapuzinerberg (früher auch Imberg) mit einer Mauer umgeben und so in das Stadtmauernsystem integriert.

Die Felixpforte, ein aus massiven Quadern eng an den Felsen gestelltes Tor mit darüberliegendem, in leichtem Bogen zweifach abgewinkeltem Blockhaus, war befestigt und mit einer kleinen Schanze versehen. Die beiden Geschosse über dem flachen Rundbogentor sind heute noch bewohnt. Auf der Innenseite des unteren Torbogens ist auf bemaltem Hintergrund ein Holzbild mit einer Darstellung Christi am Kreuz zu sehen. Die Toraußenseite ist mit einer Inschriftentafel und dem Marmorwappen Paris Lodrons verziert. Der Schlitz an der Innenseite bestätigt die seinerzeitige Ausrüstung mit einem Fallgatter.

Felix von Candelberg, Patron der Kapuziner-Laienbrüder, 1625 von Papst Urban VIII. seliggesprochen, wurde zum Namensspender dieses Tores.

Durch das Tor führte ein 1596 von Erzbischof Wolf Dietrich erbauter, steiler Holzknüppelweg, der später von Weihbischof Johann Paul Ziurletta mit einer in zahlreiche Absätze geteilten Marmortreppe versehen wurde. Um 1750 erhielt dieser Bergaufgang eine weitere Bereicherung in Form von sechs barocken Kreuzwegkapellen, die damals von einem Salzburger Bäckermeister gestiftet wurden. Eine Station davon finden wir in der Nische der Felixpforte. Bergwärts führt der Weg zwischen Stadtmauer und Kalksteinfelsen, vorbei an der letzten offenen Kalvarienbergkapelle zur 1602 eingeweihten Kapuzinerkirche.

Der Weg auf Salzburgs größtem Stadtberg ist heute asphaltiert. Die Wachmannschaften kriegerischer Tage sind friedlichen Spaziergängern gewichen. Die Felixpforte aber ist in ihrer Ursprünglichkeit erhalten geblieben.

Der überaus steil abfallende Schlußteil des ehemaligen Knüppelweges bringt uns zur Altstadt zurück – wobei wir mit jedem Schritt abwärts ein Stück des herrlichen Panoramas verlieren. Entschädigung dafür bietet jedoch ein weiteres gänzlich erhaltenes Tor: am Fuße des steilen Pfades gelegen, als Durchbruch im Haus Nummer 14 der Linzer Gasse, in welche es führt.

Das Franziskustor

Bis ins Jahr 1617 bildete das Innere Ostertor den Abschluß der Linzer Gasse zwischen dem heutigen Haus Nummer 12 und dem Hotel Gablerbräu. Die Stadtmauer verlief damals entlang der stadtauswärts gelegenen Seite des Königsgäßchens bis hin zu eben diesem Inneren Ostertor und von da aus weiter bergwärts bis zum heutigen Kapuzinerkloster.

Durch den Bau des Linzer oder St.-Sebastians-Tores 1614 verlor das Innere Ostertor an Bedeutung und wurde 1617 abgebrochen. Da somit der Zugang zur Stadt vom Kapuzinerberg her nur noch durch die Felixpforte gesichert war, wurde zur Erhöhung der Sicherheit in der Folge das verschließbare Franziskustor am Fuße des Kapuzinerberges errichtet. Überlieferungen zufolge wurde das Portal des alten Inneren Ostertores nicht zerstört, sondern für diesen (auch als Kapuzinertor bekannten) Neubau verwendet.

Die durch das Tor führende Auffahrtsstraße – bis in jüngste Vergangenheit nur ein Knüppelweg – wird erst im Zusammenhang mit der Umwandlung der „Veste" auf dem Kapuzinerberg in ein Kloster erwähnt.

Das Portal trägt heute in der Front des Hauses Linzer Gasse 14 das Wappen von Erzbischof Markus Sittikus. Ein eingemauertes Relief über dem Tor zeigt die Seraphision des heiligen Franziskus mit der Jahreszahl 1617.

Wenn auch seit dreihundert Jahren verschwunden, so sei doch ein weiteres Stadttor erwähnt, das sich in unmittelbarer Nähe zu unserem jetzigen Standort erhob. Zwischen dem Gablerbräu schräg gegenüber und dem Haus Nummer 12 spannte sich schon vor sieben Jahrhunderten eine bedeutende Pforte als damals östlichster Eingang zur Stadt.

Das Innere Ostertor

Dieses Stadttor, seit 1280 auch unter dem Namen Osterpforte oder Österreichertor bekannt, zählt zu den ältesten Toren der Stadt am rechten Salzachufer.

Es bildete den Abschluß der hinter dem Königsgäßchen laufenden Stadtmauer zum Kapuzinerberg hin und befand sich zwischen dem heutigen Hotel Gablerbräu (Linzer Gasse 9) und dem Haus Linzer Gasse 12. Teile eines Wehrganges der alten Stadtmauer wurden vor wenigen Jahren im Zuge der Renovierung dieses Hauses freigelegt und sind von der Kapuzinerstiege aus im obersten Geschoß des Hauses zu sehen.

Der damalige Verlauf der Stadtmauer zog sich vom Lederertor an der Salzach über den heutigen Sauterbogen, entlang des Königsgäßchens bis herauf zum Ostertor.

Nach der Stadtansicht aus dem Jahre 1553 (Salzburg vom Kapuzinerberg) handelte es sich um einen typischen Torturm mit zwei Wohngeschossen oberhalb der Durchfahrt. Das Tor bildete mit den Häusern des Königsgäßchens eine gleichhohe Front und überragte die Häuser der jetzigen rechten Linzer-Gassen-Seite um ein Geschoß. Als Abschluß des Torhauses diente ein damals übliches Grabendach mit Zinnenkranz. Auch kostspielige Investitionen in das Ostertor sind uns bekannt.

Alte Rechnungsbücher der Stadt teilen uns mit, daß 1488 der auffallend hohe Betrag von 15 Gulden für eine Sonnenuhr aufgewendet wurde und 1595 der Meister Georg Haug um 12 Gulden eine mechanische Uhr für dieses Tor angefertigt hat. 1635 wurden die Schellen ersetzt. Das Innere Ostertor sicherte die rechte Stadtseite gegen Westen und bildete neben dem Lederertor und dem Inneren Steintor einen gut kontrollierbaren Zugang zur Stadt. Zu jener Zeit befand sich die Brücke über den Fluß zwischen Klampferergäßchen und Steingasse; 1599 wurde die Brücke durch Hochwasser zerstört und zwischen Rathausbogen und Platzl neu gebaut. Allerdings wieder nur für ungefähr acht Jahre.

Zentrum dieses Stadtteiles bildete zweifellos die 1418 an der Ecke Linzer Gasse – Dreifaltigkeitsgasse erbaute alte St.-Andrä-Kirche, ein einschiffiger Bau mit Maßwerkfenstern und Dachreitern. Um das Platzl herum hatte der „Markt jenseits der Brücke" seinen Standort. Um diese Zeit wird auch von Fischbehältern am Ostertor und bei der St.-Andrä-Kirche berichtet, für die „Zins an die Stadt gezahlt werden mußte"[69].

Mitte des 19. Jahrhunderts zeichnete sich jedoch auch schon das Ende dieses Gotteshauses ab. Die nicht mehr aufzuhaltende Stadterweiterung sowie bauliche Schäden großen Ausmaßes führten im März 1861 zur Sperre der Kirche. 443 Jahre nach der Weihe wurde die alte Andräkirche abgerissen und nicht wieder aufgebaut. Vor dem Tor entwickelte sich die Gegend um Linzer Gasse und Bergstraße als neues Wohngebiet. Nach dem Bau der Lodronschen Befestigungsanlagen und der Erneuerung des St.-Sebastians-Tores 1614 verlor das Innere Ostertor seine Funktion und wurde 1617 mit einem Kostenaufwand von 1088 Gulden abgetragen. Das Portal des Stadttores ist jedoch erhalten geblieben und ziert heute den Aufgang zum Kapuzinerberg, das Franziskustor. Unverändert ist der Verlauf des Königsgäßchens, welches seinen düsteren, mittelalterlichen Charakter bis heute behalten hat.

Unser Spaziergang führt nun stadtauswärts die Linzer Gasse entlang, vorbei an Sebastianskirche und -friedhof. Die vielen alten Geschäftslokale zeugen von regem Handelsbetrieb schon lange vor unserer Zeit. Nach ein paar wenigen Gehminuten gelangen wir an den Kreuzungspunkt von Wolf-Dietrich-Straße und Linzer Gasse, wo es nicht schwerfällt, sich vorzustellen, wie an dieser Stelle ein mächtiges Tor die Gasse schützend schloß.

Das Linzer Tor

Selten wurde um den Bestand eines historischen Bauwerkes so gekämpft wie um das Linzer oder St.-Sebastians-Tor. Als Kaiser Franz Joseph am 4. Jänner 1860 das fortifikatorische Bauverbot aufhob und der Gedanke der Stadterweiterung jedes Hindernis im wahrsten Sinn des Wortes überrollte, waren die Weichen für das Ende dieses prunkvollen alten Tores gestellt.

Jahrelange Kämpfe engagierter Bürger, konservativer Organisationen wie der k. k. Central-Commission zur Erforschung und Erhaltung der Baudenkmale und des 1862 gegründeten Salzburger Stadtverschönerungsvereines (heute Stadtverein Salzburg) konnten nicht verhindern, daß ein Gemeinderatsbeschluß unter dem damaligen Bürgermeister Dr. Franz von Hueber, das Linzer Tor abzureißen, zu Beginn des Jahres 1894 exekutiert wurde, obwohl dazu keinerlei dringende Notwendigkeit bestand.

Verkehrsfanatiker argumentierten mit angeblichen Behinderungen für die „Zeugln" der Viehhändler oder der Faistenauer Kohlenbauern und wurden dabei durch die Hausbesitzer der oberen Linzer Gasse bzw. des angrenzenden Schallmoos kräftig unterstützt. Sie erhofften sich nämlich durch den Wegfall des Tores eine Werterhöhung ihrer Objekte. Vergessen war die Zeit, da täglich Hunderte Fuhrwerke, darunter Lastwagen mit sechs, acht und noch mehr Pferden bespannt, von Österreich kommend, den Weg durch das Tor nach Bayern, Tirol, Kärnten und Triest nahmen oder lange Militärzüge auf dem Weg zum Exerzierfeld in der Gnigl das Tor passierten. Die Demolierer siegten. Aus heutiger Sicht wurde ein Erfolg des Augenblicks bezahlt mit einem unwiderbringlichen Verlust für die Stadt Salzburg. Folgender Reim hat sich aus den Tagen des Ringens gegen den Abbruch erhalten:

Der Bürger baut's
zur Wehr, zur Zier.
Ein Bürgerdenkmal,
steht es hier.

Mit Überhast
und Mißverstand
brach nieder es
der Bürger Hand.

Unter diesem Eindruck sei es erlaubt, das Ende dieses Stadttores vor die geschichtliche Beschreibung zu stellen:

Schon vor dem Bau der Lodronschen Befestigungsanlagen bildete dieses seit 1373 als

Äußeres Ostertor bestehende wichtige Stadttor den Abschluß der damals bereits einigermaßen dicht verbauten Linzer Gasse.

Durch dieses Tor, welches damals noch ein Torturm mit Flachdach und Zinnen war, führte die Post- und Landstraße nach Österreich und in umgekehrter Richtung durch das Steintor oder über die Brücke nach Bayern, Tirol, Kärnten und Italien. Außerhalb des Tores, auf dem sogenannten „Gnigler-Mose", befand sich die älteste Richtstätte Salzburgs mit einem bereits 1365 beurkundeten Galgen. Der Richtplatz bestand aus einem gemauerten Galgen, dem Richtrad und der Kopfstätte. Später, um 1599, kamen noch Scheiterhaufen, mehrere Räder und bis Ende des 18. Jahrhunderts ein Soldatengalgen hinzu. Aus dieser Zeit stammt die Bezeichnung „Galgentor". Von Chronisten wird darüber hinaus auf einen Römerfriedhof hingewiesen, der sich vor dem ehemaligen Tor dicht am Kapuzinerbergfelsen befand.

Während des Dreißigjährigen Krieges wurde von holländischen Ingenieuren und beschäftigungslosen Soldaten das Moorgebiet in Schallmoos kultiviert. In der Folge entwickelte sich eine verstärkte Bautätigkeit in dieser Gegend. Die schon bestehenden Höfe des Domkapitels und wohlhabender Bürger wurden ausgebaut und neue Bauwerke, wie zum Beispiel das Schlößchen Röcklbrunn als Sommersitz des Dompropstes, durch Bomben leider zerstört, kamen hinzu. Einer der schönsten Höfe dieser Zeit ist uns aber im Robinighof erhalten geblieben.

Die Planung des uns bekannten Linzer Tores geht in die Regierungszeit von Erzbischof Wolf Dietrich zurück. Am 11. Dezember 1589 antwortete Wolf Dietrich positiv auf ein Ansuchen der Stadt um Neubau des Linzer Tores wegen starker „Paufeligkait"[70]. Zur Ausführung kam es aber noch nicht.

Erst 1614 unter Erzbischof Markus Sittikus wurde dieses für die Rechtsstadt so wichtige Tor fertiggestellt, finanziert von den Bürgern der Stadt mit einem Kostenaufwand von über 6000 Gulden. Damit wurde es zum kostspieligsten städtischen Bauobjekt jener Zeit.

Entworfen vom italienischen Architekten Santino Solari und ausgeführt vom Salzburger Baumeister Mathias Scheler unter den Bürgermeistern Kirchperger und Haan, entstand ein Bauwerk, das nicht nur allen Verteidigungsansprüchen gerecht wurde, sondern auch mit seinen dekorativen Portalen, Wappen und sinnvollen Inschriften der Stadt „zur dauernden Zierde" gereichen sollte.

Maurer, Steinmetze, Schlosser und viele andere Professionisten errichteten das Torgebäude in etwas mehr als eineinhalbjähriger Bauzeit. Das schöne, allseits bewunderte Portal erhob sich in vier hohen, gequaderten Pilastern auf wuchtigen Sockeln mit einer rundbogigen Toröffnung, über der das Wappen des Erzbischofs prangte. Beiderseits der Durchfahrt befanden sich die Räume für die Wachen, deren quadratische Fenster mit stark abgeschrägter Laibung stadtauswärts zeigten. Das linke der beiden Fenster wurde später vermauert. Ursprünglich zierten zwei große Marmorkugeln die Postamente vor der Basis des Torbogens. An die profilierten Deckplatten der Pilaster schloß das darübergebaute Wohnhaus mit vier Fenstern an. Beherrscht wurde der Teil über dem Torbogen von der breiten Inschriftentafel, umrahmt durch ein von Konsolen getragenes Gebälk, vom großen Relief des hl. Sebastian dominiert.

Die Innenseite des Tores war etwas einfacher gehalten, trotzdem aber noch sehr attraktiv ausgeführt und zeigte zwei große Fenster oberhalb der mit einem Flachgiebel abgeschlossenen Tordurchfahrt. In der Mitte über dem Tor waren die Wappen der Stadt und des

Erzbischofs zu sehen. Die Spitzen der Giebelausführung waren mit Steinkugeln besetzt. Der Zugang zu den Wohngeschossen erfolgte von der Linzer Gasse her. Die Räume neben der Torduchfahrt boten ausreichend Platz für die Wachmannschaften, die für dieses Tor und die davorliegenden Barrieren verantwortlich waren. Das zum Teil mit Blei und Blech gedeckte Dach trug kupferne Dachrinnen, vergoldete Knöpfe und Fahnen sowie auf dem Giebel einen „Bock", der vermutlich das Wappentier des Erzbischofs darstellte, um 1890 aber nicht mehr existierte.

So wie alle unter Paris Lodron erbauten Tore stellte man auch das Linzer Tor unter den besonderen Schutz eines Heiligen. Nach Fertigstellung wurde es, eingedenk der nahegelegenen, 1505–1512 erbauten Kirche, dem hl. Sebastian geweiht und von da an auch Sebastianstor genannt.

Vor dem Tor übernahm eine Zugbrücke die Sicherungsfunktion. Gleichzeitig mit der Erbauung des Tores wurde die Stadtmauer instand gesetzt, die seinerzeit vom Linzer Tor zum Hexenturm (Ecke Wolf-Dietrich-Straße–Paris-Lodron-Straße) und von dort weg im rechten Winkel über das Kotbrücktor zum Bergstraßtor (Paris-Lodron-Straße–Dreifaltigkeitsgasse) führte.

1622, am 4. April, begann man – weiter unter Santino Solari – mit dem Bau der großen Bastionen zwischen Linzer Tor und Mirabelltor. In der Folge rückte der Befestigungsring weiter stadtauswärts, und so entstand nach Abschluß der Arbeiten das doppelte Linzer Tor, bestehend aus dem St.-Sebastians-Tor und dem St.-Ruperts-Tor. Um 1730 wird von einem Ochsenstall unmittelbar am Sebastianstor berichtet. „Rechts außer diesem Thore ist der vom Erzbischof Leopold Anton [Graf von Firmian] erbaute Ochsenstall; worin dieser Erzbischof einige Büffel-Ochsen zu öffentlichen Arbeiten füttern ließ, die sich auf der sogenannten Cistel-Alpe des Geisberges fortpflanzten. Der gegenwärtige Erzbischof hat diese stinkenden, trägen, und als Schlachtvieh beynahe unbrauchbaren Thiere ganz auf die Seite geschafft. Hier ist nun ein Bestand- oder Pachtwirth."[71]

Als österreichische Truppen das Land Salzburg in Besitz nahmen, war es das Linzer Tor, an dem am 29. April 1803 der neue Landesherr feierlich empfangen und ihm die Schlüssel der Stadt überreicht wurden[72].

Dieses schöne Stadttor war häufiges Motiv graphischer Darstellungen, von denen sich im Salzburger Museum Carolino Augusteum eine eindrucksvolle Sammlung befindet. Darüber hinaus blieb vom Sebastianstor, das zwischen den Häusern Linzer Gasse 49–51 und 68–70 stand, sehr wenig erhalten. Das Relief des hl. Sebastian, welches – von Conrad Asper aus Konstanz geschaffen – seinerzeit in 8–10 m Höhe die Außenseite des Tores zierte, war lange Zeit verlagert und wurde erst 1956, ohne erkennbaren Zusammenhang mit dem ursprünglichen Standort, an der Längswand der Bürgerspitalkirche (St. Blasius) angebracht.

Ebenfalls noch erhalten sind die „Drei Kreuze" des ehemaligen Hochgerichtes. Sie stehen heute an der Schallmooser Hauptstraße und erinnern als Sühnemal an diese mittelalterliche Richtstätte, damals noch weit außerhalb der Stadtmauern und des Linzer Tores. Innerhalb des Tores zählt die St.-Sebastians-Kirche mit dem 1511 angelegten Friedhof zu den hervorstechenden erhalten gebliebenen Bauwerken. Im Haus gleich neben dem Friedhofseingang befand sich zwischen 1521 und 1571 das St.-Sebastians-Badehaus.

Das Linzer Tor mußte 1894 einem blinden Fortschrittsglauben weichen.

Wiederum ist es uns möglich, von unserem jetzigen Standpunkt aus ein weiteres Stadttor zu rekonstruieren: In unmittelbarer Nachbarschaft zum eben „betrachteten" Linzer Tor erhob sich vor nunmehr fast vierhundert Jahren ein starkes Befestigungstor, mit jenem eine wehrhafte Einheit bildend.

Das Äußere Linzer Tor

Die Ausweitung des Befestigungsringes zwischen 1622 und 1628 unter Erzbischof Paris Lodron führte zum Bau des Äußeren Linzer oder St.-Ruperts-Tores.

Die Rekonstruktion der Bastionen und Gräben ergibt den Platz des Eckhauses Wolf-Dietrich-Straße 2 / Linzer Gasse 53 als ehemaligen Standort für dieses Tor. Nahe am St.-Sebastians-Tor demonstrierte dieses beidseitig durch Gebäude verbundene Doppeltor absolute Verteidigungsbereitschaft.

Das Tor mit einem Wohngeschoß wurde aus massiven Sandsteinquadern errichtet und mit einer Aufziehbrücke versehen, die über einen breiten, nassen Schanzgraben führte. Nicht lang danach dürfte die Zugbrücke des St.-Sebastians-Tores durch eine feste Straße ersetzt worden sein.

Oberhalb der schlicht gehaltenen Rundbogendurchfahrt waren beiderseits Lodronsche Wappen und je zwei weiße, marmorne Inschriftentafeln angebracht. Zwischen den beiden Fenstern der Außenfassade im Wohngeschoß stand, geschützt in einer Nische, die Statue des hl. Rupert. Zwei niedere Wachtürme wurden links und rechts dem Torhaus zur zusätzlichen Verstärkung vorgebaut.

Das Äußere Linzer Tor wurde auf einer frühen Fotografie um 1862/63 festgehalten. Darauf erkennt man ein kleines Gehtor neben der Durchfahrt. Um diese Zeit ist die Zugbrücke bereits durch eine feste Straße zum Ravelintor ersetzt. Die Fotografie gibt auch einen besonders guten Überblick über die Situation vor dem Linzer Tor, kurz bevor die Befestigungen fielen. Bis auf das bereits abgetragene Mirabelltor, einschließlich des vorgelagerten Ravelins, sind die Bastionen noch komplett.

Drei Jahre später fiel auch das St.-Rupert-Tor unter der Spitzhacke. Die Statue des hl. Rupert konnte jedoch geborgen werden und befindet sich jetzt an der Fassade der 1906/07 erbauten neuen Pfarrkirche zu Oberndorf bei Salzburg.

Das Linzer Tor

Den Schritt noch weiter stadtauswärts lenkend, langen wir schon nach kurzer Distanz an der Einmündung der Franz-Josef-Straße in die Schallmooser Hauptstraße an, die hier ihren Anfang nimmt. Im inneren Teil der Gebäude zwischen Hofwirt und Schallmooser Hauptstraße 3 lag der Standort des ehedem äußersten Tores im östlichen Mauernsystem der Stadt.

Das Äußerste Linzer Tor

Besser bekannt unter dem Namen Ravelintor, war es 1704 von Erzbischof Johann Ernst erbaut worden und erfüllte rund 160 Jahre lang seine Aufgabe als äußerster Stützpunkt im Befestigungssystem der Rechtstadt.

Architektonisch war das Tor sehr gefällig ausgeführt. Ein Rundbogentor, den mächtigen, begrünten Erdwall des Ravelins durchbrechend, mit einem turmartigen, aus Sandstein errichteten kleinen Wachhäuschen über der Durchfahrt. Zwei große Steinkugeln beiderseits der Wachstube verzierten die Torfassade.

Dem Reisenden, der sich der Stadt vom Osten her näherte, stellte sich ein nahezu perfektes Verteidigungssystem entgegen. Besonders lebendig charakterisiert wird diese Befestigungslandschaft vor dem Linzer Tor von F. Habeck in seinem Salzburg-Spiegel, den wir auszugsweise zitieren: „Dieses Tor besteht nicht aus einem, sondern aus drei Toren und hätte die Obrigkeit nicht schon eines demolieren lassen [gemeint ist das Innere Ostertor], wären es gar vier. Das erste der drei befindet sich im Ravelin, und man erreicht es, wenn man die Barriere mit Posten und Schilderhaus, sowie die Ubicationen des Torstehers und Zollzeicheneinhebers passiert hat, über eine hölzerne Brücke, die den trockenen Fossé überspannt. Von diesem ersten Tor führt die Chausse in leichter Flexion an einem Wachthaus hinter dem Ravelin auf einer zweiten, ziemlich langen Holzbrücke über den nassen Fossé und auf einer kurzen Zugbrücke zum zweiten Tor in der großen Mauer, dem sogenannten Äußeren Linzer oder Rupertitor, über dem der Interessierte auf weißen Marmorplatten das Wappen des Erzbischofs Graf Lodron und ein Relief des heiligen Rupert sieht.... in geringer Distanz engt das dritte Tor den Weg abermals ein. Bevor man es erreicht, passiert man eine Wachstube, und daneben öffnet sich ein fünftes Tor [das früher genannte vierte wäre näher dem Fluß zu situiert und existiert nicht mehr] rechter Hand in eine schmale Gasse... Der Boden dieser Gasse ist hohl, denn sie liegt über dem ehemaligen Graben. Nach einem Ochsenstall [zur Zeit dieser Beschreibung schon ungenützt] endlich das dritte Tor; es trägt in weißem Marmor das Wappen des Erzbischofs Marcus Sitticus auf der Innen- und ein Relief des Heiligen Sebastian auf der Außenseite."[73]

So wie das Rupertstor mußte auch dieses Tor den Stadterweiterungsplänen um 1866 weichen und machte Platz für die Häuser der hier beginnenden Schallmooser Hauptstraße.

Wir nehmen nun den Weg zurück zur Linzer Gasse und treten durch die Sebastianskirche in den dahinterliegenden Friedhof ein; ein kurzer Rundgang zwischen den Gräbern bringt uns zur letzten Ruhestätte manch vergangener Größen. Den Friedhof zum Bruderhof hin verlassend und diesen durchquerend, erreichen wir an dessen nördlichem Ende ein weiteres in seiner Funktion erhaltenes Tor.

Das Kotbrücktor

Zwischen dem Äußeren Linzer Tor und dem Bergstraßtor wird 1471, 1491 und 1573 von einem „Krautgarten, gelegen zu Salzburg vor dem Kotprügkltor" urkundlich berichtet[74].

Zwei Wege werden angenommen, die bei diesem Tor durch die Stadtmauer führten: Einmal aus der oberen Bergstraße (anstelle des später erst hineingebauten Hauses Bergstraße Nr. 6), über das Gelände des damals noch nicht bestehenden Loretoklosters, zum anderen der Weg von der Linzer Gasse (Haus 39 und 41), ausgehend durch den Bruderhof.

Als „Stadtbruderhaus" 1496 von dem angesehenen Bürger Fröschlmoser ursprünglich für arme Mitbürger gebaut, entwickelte sich diese Stiftung immer mehr zu einer Anstalt für Geisteskranke beiderlei Geschlechtes. Ein Neubau erfolgte nach dem Regierungsantritt von Erzbischof Hieronymus Colloredo 1772, welcher „ein neues, zwar nur 2 Geschoss hohes, und sehr geräumiges, aber beynahe zu schönes Narrenhaus aufführen ließ"[75].

1636 bezogen die Clarisser Nonnen das Loretokloster in unmittelbarer Nachbarschaft des Tores, während gegenüber anno 1674 die 370 Fuß lange, dreistöckige Stadtkommandantur, die spätere Franz-Josef-Kaserne, errichtet wurde.

Der Name Kotbrücktor kommt von der damals mangelhaften Wasserentsorgung her. Das Wasser vom Kapuzinerberg, welches durch den Loretograben vor der Stadtmauer mehr schlecht als recht abgeleitet wurde, sammelte sich zu einem stehenden Gewässer. Ein Augenzeuge, F. V. Zillner, berichtet 1873 von einer schuhhohen Überschwemmung in den Kellern in der Nähe des Loretoklosters, nachdem der Wasserabzug – durch den Schanzgraben vor dem Linzer Tor und dem Mirabelltor – gestört war.

Das ehemalige Tor, welches anläßlich der Herbstdult 1573 noch mit einem eigenen Wächter versehen war, hat seine jahrhundertealte Funktion nicht verloren.

Es öffnet heute den Zugang von der Paris-Lodron-Straße durch den Bruderhof zur Linzer Gasse oder zum Sebastiansfriedhof, der bis 1888 ein wichtiger Begräbnisort Salzburgs war. Heute umfaßt der „Bruderhof" mehrere Wohngebäude, darunter auch solche für Schüler und Berufstätige (Institut St. Sebastian) mit dem angebauten Schlauchturm für die Feuerwehr. Der frühere Pfarrhof von St. Sebastian und die Mesnerwohnung im Erdgeschoß dienen heute ebenfalls diesem Institut als Wohnräume.

Die Paris-Lodron-Straße betretend, wenden wir uns stadteinwärts nach links; von hier ist es leicht, sich vorzustellen, daß wir der alten Stadtmauer folgen (zumal hier zur Zeit der Römer bereits verbautes Gebiet bestand) und schließlich zum Übergang der Dreifaltigkeitsgasse in den Mirabellplatz gelangen. Hier stand bis vor etwa einhundert Jahren ein harmonisch gefügtes Tor.

Das Bergstraßtor

Zuletzt bekannt unter Mitterbacherbogen, führte das Tor zuvor auch den Namen Lodronbogen.

Zwischen 1465 und 1480 wurde die Stadtmauer bis zum Ausgang der heutigen Dreifaltigkeitsgasse hinausgerückt und markierte damit die Grenzen des Siedlungsgebietes: Vom Äußeren Ostertor (Linzer Tor) herunter zum Hexenturm, im rechten Winkel über das Kotbrücktor bis zum Bergstraßtor (Bergheimerstraßtor) und von hier durch den Mirabellgarten hinunter bis zum Äußeren Lederertor an der Salzach.

Über das Aussehen dieses seit 1350 bekannten Tores haben wir nur wenig Information. Die Stadtansicht von 1553 zeigt einen einfachen, hohen Torturm mit Rundbogendurchfahrt und Giebeldach, an dem Zeichen einer Bewohnung kaum erkennbar sind. Dies wäre nicht verwunderlich, zumal um diese Zeit schon kleinere Wohnhäuser mit Gärten außerhalb des Tores angelegt waren. Eine zusätzliche Befestigung wie Zugbrücke oder Graben ist nicht zu sehen, und auch zeitgenössische Beschreibungen geben keine aufschlußreichen Hinweise über den Zustand dieses Ausfalltores nach dem Norden. In der Darstellung von 1553 – in der die Rechtsstadt überhaupt sehr großzügig wiedergegeben ist – fehlt allerdings der zweite Stadtmauerring von 1465 mit dem Hexenturm.

Im Zuge der zweiten, bürgerlichen Stadtbefestigung zwischen 1465 und 1480 wurde auf der Stadtmauerlinie zwischen dem Linzer Tor und dem Bergstraßtor ein Rundturm mit Spitzdach auf der Grundfläche eines Dreiviertelkreises errichtet. Dieser Turm zählte, neben dem Brunnturm bei der Münze am oberen Ende der Getreidegasse und dem Wasserturm beim Äußeren Lederertor, zu den sogenannten „Drillingstürmen", die als Wall- und Grabentürme basteiartig in die Gräben vorsprangen und so der Verteidigung dienten.

Besondere Bedeutung kam dem Stadtturm hinter dem St.-Sebastians-Friedhof oder „dem Turm zu Loreto", wie er auch genannt wurde, unter Erzbischof Max Gandolf (1668–1687) zu, der dieses Bauwerk zu einem Gefängnis ausgestalten ließ. Der Umbau entsprang einer Zwangslage und sollte die Raumnot vorübergehend lindern. Durch die zahlreichen Verhaftungen im Zuge der Hexenprozesse und hier besonders durch die vielen Anhänger des Zauberer-Jackl reichten die vorhandenen Keuchen des Amtshauses in Salzburg und der umliegenden Land- und Pflegegerichte bei weitem nicht aus.

Um die Mitte des Jahres 1678 waren die Bauarbeiten abgeschlossen, die Umbaukosten fielen zu einem Drittel auf die Hofbaumeisterei, ein Drittel ging auf die „Schanzgepeurechnung" und ein weiteres auf Kosten der Stadt.

Nach den vorliegenden Abrechnungen scheinen jedoch keine Ausgaben für die Einrichtung von Folterkammern oder Beschau- und Examinierstuben auf. Lediglich eine Wohnung für den Gerichtsdiener, der für die Bewachung und Verpflegung sorgte, war vorgesehen. Seit dieser Zeit sprach man über den Bau allgemein vom „Hexenturm".

Über viele Jahrzehnte ungenützt, verschlechterte sich der Zustand des Hexenturmes immer mehr, so daß – nach einem Bombentreffer im Jahre 1944 – Ende des Zweiten Weltkrieges der Abbruch des Objekts (Paris-Lodron-Straße 16) nahezu zwangsläufig erfolgte.

Neue Bautätigkeit um das Bergstraßtor, welches später auch als St.-Ägidius-Tor erwähnt wird, entstand 1613/14 unter Erzbischof Markus Sittikus, der die Stadtmauer zwischen dem neu errichteten St.-Sebastians-Tor und dem Hexenturm bzw. weiter bis zum Bergstraßtor erneuerte und dazu einen Graben anlegen ließ (Loretograben). Verstärkt wurden die baulichen Veränderungen besonders zwischen 1631 und 1653, als unter Erzbischof Paris Lodron ein „immerwährendes Fideicommiß" für die Primogenitur der Lodronschen Familie erbaut wurde. Dieser Gebäudekomplex schloß mit einem Flügelbau an die Mauer des Loretoklosters an und ersetzte damit als Lodronbogen das alte Bergstraßtor.

Die weitere Verbauung schritt unter anderem mit der Errichtung des Sekundogeniturpalastes (Ecke Mirabellplatz – Paris-Lodron-Straße) sehr schnell voran. Dem Stadtbrand am 30. April 1818 fielen jedoch alle Lodronhäuser zum Opfer, es kam zum Konkurs über das Vermögen der Grafen von Lodron. Die großen Gebäude wurden – soweit es die Feuermauern zuließen – in kleine Teile gegliedert und so versteigert. Den Lodronbogen erwarb 1819 Rupert Wartbichler, der ihn 1848 an Mitterbacher weitergab. Zwischen 1846 und 1848 wurde an die Mirabellgartenseite des Primogeniturpalastes die Karl-Borromäus-Kirche angebaut.

1872 wird von einem antiken Münzfund im Mitterbacherbogen berichtet: „Am 9. November, abends zwischen 7 und 8 Uhr, wurde bei der Tieferlegung des Fußbodens eines ebenerdigen Lokales Nr. 540, an der nordöstlichen Ecke des Mitterbacherschen Hauses, einst ein Theil des im 17. Jahrhundert erbauten gräflich Lodronschen Palastes, nur von $1^{1}/_{2}$ Schuh hohem Flußschotter bedeckt, ein römischer Topf aus grauem Ton, gefüllt mit Bronzemünzen, darunter einige aus Silber, von den Arbeitern im Beisein des Hausbesitzers aufgefunden."[76]

Um Verkehrserleichterungen zu schaffen, wurde am 12. Oktober 1891 dem Gemeinderat ein Projekt vorgelegt, das anstelle des Mitterbacherbogens einen Portikus mit zwei Durchfahrten zu je 4 m Breite und zwei Durchgänge zu je 2 m mit einem dreigeschossigen Überbau vorsah. Das Bauamt verwarf jedoch diesen Plan und schlug den völligen Durchbruch vor. Im November 1891 begann man daher mit dem Abbruch.

Nach mehreren wechselnden Funktionen beherbergt heute der frühere Primogeniturpalast einen Großteil der Institute der Hochschule für Musik und darstellende Kunst „Mozarteum" samt einer modernen Studiobühne. Die „Aicher-Passage" mit einer Anzahl von Geschäftslokalen verbindet, als ausschließlicher Fußgeherweg abgeschieden vom Straßenverkehr, den Mirabellplatz mit dem Makartplatz.

Weiter führt unser historischer Rundgang der Mauer des Mirabellgartens folgend bis vor das Schloß Mirabell. Von hier aus läßt sich sehr gut der Standort eines mächtigen alten Tores erahnen: Am Anfang der heutigen Rainerstraße – zwischen dem Bankhaus einerseits und dem Fußweg über den Rosenhügel zur Schwarzstraße andererseits – würde der Bogen sich spannen.

Das Mirabelltor

Die Geschichte des Mirabell- oder St.-Virgil-Tores nimmt ihren Anfang mit der Errichtung der Befestigungsanlagen unter Erzbischof Paris Lodron. 1622 wurde zwischen dem bestehenden Linzer Tor und dem geplanten Mirabelltor mit den Arbeiten begonnen.

Die Stadtmauer verlief zu jenem Zeitpunkt vom Linzer Tor zum Hexenturm, sodann im rechten Winkel und in gerader Linie weiter über das Kotbrücktor bis zum Bergstraßtor (Ecke Dreifaltigkeitsgasse – Paris-Lodron-Straße). Damit war das damalige Siedlungsgebiet umschlossen, bis auf das Schloß Altenau, welches um 1606 von Erzbischof Wolf Dietrich begonnen, von Salome Alt mit zwei Söhnen und drei Töchtern bis 1612 auch bewohnt und schließlich unter Markus Sittikus als Schloß Mirabell vollendet wurde.

Der groß angelegte Lodronsche Befestigungsring schuf also neuen Bauplatz bei gleichzeitig höchster Verteidigungsbereitschaft für die Stadt und sollte sich, ausgehend vom Äußeren Linzer Tor, über das Schloß Mirabell bis zur Salzach erstrecken. Erzbischof Paris Lodron errichtete das Mirabelltor anno 1627 zwischen der ersten und zweiten Bastion in Form eines gemauerten, zweistöckigen Blockhauses mit einer rundbogigen Tordurchfahrt und einem niederen Dach. Es war die Fortsetzung eines zweigeschossigen, 60 Fuß langen und 12 Fuß breiten Gebäudes mit Flachdach, welches an den nördlichen Flügel des Mirabellschlosses quer angebaut war. Im Erdgeschoß dieses Gebäudes lagen die Wachstuben für Offiziere und Mannschaften der Mirabellwache (auch Schloßwache), die für Stadttore und Mirabellschloß verantwortlich waren.

Zwischen den beiden Geschossen erstreckte sich ein ausladendes Vordach als Witterungsschutz über die gesamte Gebäudelänge. Mit einer reich verzierten Mauerbrüstung über dem zweiten Geschoß wurde an die Architektur des Schloßflügels angeschlossen.

Die Außenseite des Stadttores war mit einer Statue des hl. Virgil geschmückt. Nach der Weihe wurde dieses Tor allgemein auch St.-Virgils-Tor genannt.

„Außer diesem Thore ist eine Aufzugbrücke, und dann eine lange Brücke mit einem Geländer von Holze über dem unten durchlaufenden sehr breiten nassen Graben bis an den Ravelin, wo eine Thorstehers-Wohnung, und ein hölzernes Gitterthor nebst einem spanischen Reiter und einer Schildwache sich befinden."[77]

Durch das St.-Virgils-Tor führte der Fahrweg nach Laufen, ins Innviertel, nach dem Stift Mattsee und auf den Plainberg, der schon Mitte des 17. Jahrhunderts als Wallfahrtsort bekannt war und später dann mit Einweihung der Kirche 1674 Anziehungspunkt vieler Menschen wurde. Seit 1666 befand sich die neue Schießstätte der Schützengesellschaft vor dem Mirabelltor. Als man 1703 Angriffe seitens der Bayern befürchtete, ließ Erzbischof Johann Ernst das Tor einfach zumauern. Die Brücke über den Graben wurde demontiert und die größeren Werkbäume in die Stadt gebracht.

Innerhalb des Tores wurde 1697 unter dem gleichen Erzbischof die Mirabellkaserne oder die neue Türnitz fertiggestellt. Sie bot ganz nahe am Tor Platz für 300 Soldaten. Bis um 1790 fand das Tor auch als Soldatenarrest Verwendung.

Über die Besetzung Salzburgs durch die Franzosen 1800 berichtet uns Ignaz Rieder: „Am 15. Dezember, $1/29$ Uhr früh, zeigten sich am Mirabelltore die ersten Franzosen, die aber bald durch das Linzer Tor wieder abzogen. Um 10 Uhr erfolgte der Einmarsch des Feindes durch das Klausentor und um $1/24$ Uhr nachmittags kam auch General Moreau an und stieg in der Residenz ab. Salzburg war nun dem Übermut der Franzosen preisgegeben. In der Franziskanerkirche wurden Kriegsgefangene, in der St.-Sebastians-Kirche 183 verwundete Österreicher untergebracht. Die Kollegienkirche wurde als Heumagazin, die Michaelskirche als Pferdestall benützt. Die Dreifaltigkeitskirche war zu einem Bierkeller bestimmt worden, während das Seminargebäude zuerst als Kaserne, dann als Truppenspital dienen mußte."[78]

Der große Stadtbrand 1818, der an die 90 Häuser des rechten Stadtteiles und fast das gesamte Mirabellschloß zerstörte und bei dem, wie Aufzeichnungen berichten, 14 Menschen starben sowie viele verletzt wurden, wälzte sich bis über das Mirabelltor: „... Auf dem Walle vor dem Mirabellthore sengte die Flamme Gras, Laub und Blüthen von den Bäumen; in der Luft flogen die Glutbrände weit über die Thore der Stadt hinaus; die Brücke am Mirabellthore war in Brand geraten; das Feuer fraß die Pfähle bis in die Wogen des Wallteiches hinab; die glühenden Trümmer stürzten in den Graben, das Wasser darin begann zu kochen und zu wallen, die Schwanen brateten in ihren Hütten mitten im Teiche..."[79]

Das Mirabelltor wurde nur noch als einfaches Walltor wieder errichtet, mit einer langen und geschwungenen Brücke über den davorliegenden breiten Graben.

Die erste Etappe des Befestigungsabbruches erfaßte sofort das Mirabelltor samt der ersten Bastion nahe der Salzach. Am 27. März 1862 begann man mit dem Abbruch des Stadttores; knapp drei Jahre darauf verfügte der Kaiser in einem Kabinettschreiben vom 20. August 1865, daß auch der zweigeschossige Flügelanbau zwischen Mirabellschloß und Torhaus abgetragen werden solle. Diesem damals höchst willkommenen „Befehl" entsprach man im darauffolgenden September. Übrig blieben nur noch der Rosenhügel am Nordeingang des Mirabellgartens sowie der Bastionsgarten, heute als Zwerglgarten bekannt, und ein kurzer Abschnitt der alten Befestigungsmauer an der Westseite des Mirabellgartens.

Durchschreiten wir nun das Mirabellschloß und gehen am Pegasusbrunnen vorbei, so lädt uns eine zierliche Brücke zum Abstecher in den Zwerglgarten. Zurückgekehrt in den Mirabellgarten, streben wir dessen südlichem Ausgang zum Landestheater hin zu. Von diesem aus spannte sich einst, am unteren Ende des Makartplatzes, zum vis-à-vis gelegenen Geschäftshaus ein heute verschwundener Bogen.

Das Tor am Hannibalplatz

Als Erzbischof Paris Lodron 1631 den stadtseitigen Eingang zum Mirabellgarten und gleichzeitig ein Ballspielhaus (das heutige Landestheater) errichtete, waren die Konturen des jetzigen Makartplatzes abgesteckt. Der Platz war zu dieser Zeit bereits nach dem Bruder Wolf Dietrichs, Jacob Hannibal von Raitenau benannt.

1775 erfolgte der Umbau des Ballspielhauses in das Hoftheater, welches nach dem Anschluß Salzburgs an Österreich sogar den stolzen Titel k. k. Nationaltheater führte.

Um bei einem Theaterbrand eventuellen Verkehrsstauungen oder Hindernissen vor dem engen Lederertor oder in der Theatergasse vorzukehren, wurde direkt neben dem Theater ein einfacher Torbogen mit zwei Torflügeln in die unmittelbar vorbeiführende Stadtmauer gebrochen.

Das Tor stand also genau zwischen dem heutigen Landestheater und dem Geschäftshaus Schwarzstraße 20. Im Zuge des Stadtmauernabbruches wurde dieses Tor bereits vor 1859 entfernt.

Am 5. Mai 1879 beschloß der Salzburger Gemeinderat die Umbenennung des Ballhausplatzes in Makartplatz. Die uns heute bekannte Gestalt erhielt der Platz im Jahre 1908, als das 1747 direkt vor der Dreifaltigkeitskirche erbaute Leihhaus abgerissen wurde. Das prachtvolle Rokokoportal ist uns als Haupteingang eines Bankhauses am Alten Markt Nr. 3 erhalten geblieben.

Das kurze Theatergäßchen dient heute vor allem als Umsteigeknoten im Liniennetz der innerstädtischen Busse. In alter Zeit jedoch hätten wir hier, an seinem südlichen Ausgang, gleich drei in enger Nachbarschaft gelegene Tore vorgefunden. Heute ist's nur noch eines, und auch dieses ist fürs Auge fast verschwunden, steht es doch unscheinbar eingezwängt zwischen Geschäftslokalen, des alten Zweckes längst beraubt.

Die Lederertore

Am Inneren Lederertor, das als Teil der ersten Stadtbefestigung bereits seit etwa 1280 bestand, und 1608 den rechten Brückenkopf der Stadtbrücke vom Löchlbogen herüber bildete, trafen im frühen Mittelalter das Lederergäßchen, das Königsgäßchen und das Schlossergäßchen aufeinander, um außerhalb des Tores den Weg nach Norden zu nehmen.

Um 1553 stellte sich das Innere Lederertor als Torbogen zwischen Lederergasse und der späteren Theatergasse dar, blieb jedoch trotz starker baulicher Veränderungen in diesem Stadtteil erhalten und bildet heute, einbezogen in die Fassade des Hauses Schwarzstraße 12, den Eingang in die Lederergasse.

Ein Pförtlein sorgte als Tränktor für den Zugang zur Salzach. Dieses „namenlose Stadtmauerntürl"[80] innerhalb des Lederertores wird 1688 und dann noch einmal 1777 erwähnt. In dieser Zeit dürfte es als Abschluß eines Feuerganges gedient haben, verschwand aber in der weiteren Folge aufgrund baulicher Veränderungen.

Die Entstehung des Äußeren Lederertores wird um das Jahr 1465 angesetzt. Doch schon 1484 scheint die eben vollendete Stadtmauer zu eng gefaßt zu sein; so verbot die Stadt einem Bauwerber, der auf seinem Grund am Lederertor ein Haus errichten wollte, weitere Fenster in die Stadtmauer zu brechen als die ihm bereits bewilligten[81]. 1630 wurde das Äußere Lederertor unter Erzbischof Paris Lodron erneuert und dem hl. Vitalis geweiht. Ein halbrundes, gedrücktes Segmentbogentor mit Keilstein, hergestellt aus massiven, behauenen Sandsteinquadern, sowie ein Wohnhaus darüber mit flachem Dach bildeten den neuen Abschluß der Befestigung dieses Stadtteils zum Wasser hin. Über dem Torbogen war das Wappen von Paris Lodron angebracht und darüber – zwischen dem ersten und zweiten Fenster des Wohngeschosses, geschützt in einer Blende – die Marmorstatue des hl. Vitalis.

Links und rechts neben dem Tor duckten sich zwei Häuschen für die „Zoll- und Mautzeichen-Einnehmer" eng an die Stadtmauer. Eine eigene Wache, die sogenannte Wassertorwache, beaufsichtigte das Tor. „Über diesem Gewölbe ist ein Blockhaus erbauet, nebst einem runden Thurme, und einer kleinen Schanze gegen das Wasser, woraus gegenwärtig aber eine schöne Wohnung für einen Offizier (itzt den Herrn Oberstwachtmeister Baron von Dücker) zurecht gemacht ist."[82]

Betritt man das Tor von der Wasserseite her, teilt sich der Weg innerhalb des Tores linker

Das Innere Lederertor

Hand zum „hochfürstlichen Ballhaus" und rechter Hand in das Schlossergäßchen, das damals, zwischen niederen Häusern an der Stadtmauer und den bereits fünfstöckigen Gebäuden der heutigen Schwarzstraße, vom Tränktor beim Platzl über einen kleinen Abhang zum Lederertor führte. Es ist anzunehmen, daß auch die Torbögen zum Schlossergäßchen sowie zur Gasse zum Theater ähnlich wie die zum Wasser gelegene Seite ausgeführt und mit Wappenschildern des Erzbischofs versehen waren.

Über 300 Jahre blieb das Äußere Lederertor in seiner erbauten Form bewahrt. 1860 schreibt die „Salzburger Zeitung", als es darum ging, aus fünf Vorschlägen den geeignetsten Weg von der Altstadt zum Bahnhof auszuwählen: „Was die Schönheit der fünf Vorschläge betrifft, so kann füglich bei den obwaltenden Verhältnissen auf die Beachtung dieser Eigenschaft keine Rücksicht genommen werden, da es sich bei der Zufahrtsfrage hauptsächlich um die Billigkeit der Herstellung handelt, die Schönheit aber nur als sekundäre Eigenschaft behandelt werden kann. Endlich wird, selbst was die Schönheit betrifft, ein Quai an der Stelle der Theatergasse sich freundlich ausnehmen, und, einmal vollendet, viele Gegner dieses Projektes mit sich versöhnen, besonders, wenn man sich entschließen könnte, die ganze Häuserreihe sammt dem Lederertore niederzureißen"[83], was 1861/62 auch prompt geschah.

Wenn wir ins Lederergäßchen treten, umfängt uns Vergangenheit. Verkehrslärm schwillt ab, geschäftige Hetze und Eile bleiben zurück, der kurze Gang zur Dreifaltigkeitsgasse entführt uns in längst vergangene Tage. An kaum einem Ort dieser alten Stadt wird der Geist früher Zeiten so sehr beschworen wie an diesem Kreuzungspunkt von Dreifaltigkeitsgasse und Königsgäßchen mit unserem Weg. Zu unserer Linken tut sich das vorletzte Tor unseres Rundgangs auf.

Das St.-Andreas-Tor

Der Andreasbogen, heute bekannt unter Sauterbogen, entstand 1645, als Erzbischof Paris Lodron gegen Entschädigung der Eigentümer zwei Wohnhäuser an der alten Stadtmauer am oberen Ende der Lederergasse durchbrechen ließ. Es sollte dadurch eine „nähere Gemeinschaft mit den Lodronischen, außer demselben erbauten Palästen" hergestellt werden[84]. In die hohe, doppelte Tordurchfahrt mündete damals das Königsgäßchen, welches den Verlauf der ersten Stadtmauer bis zum früheren, Inneren Ostertor noch sehr deutlich zeigt.

Den Namen erhielt das Tor von der alten St.-Andrä-Kirche, die sich bis 1861 in unmittelbarer Nähe befand.

Mit der Fertigstellung des Andreastores erhielt die Stadt, neben dem Lodronbogen und dem Mirabelltor, drei hintereinander liegende Tore, die zusammen (nach Fuhrmann) eine „feierliche Trias" beim Eintritt in die Stadt von Norden bildeten.

Umfangreiche Baumaßnahmen, besonders auf der Nordseite, haben die ursprüngliche Gestalt sehr stark verändert. Ein Nebenraum des Tores – vermutlich für den Torsteher vorgesehen – wurde durch einen Geschäftsanbau zur Gänze verdeckt; auch der zweite Torbogen samt Wohngeschossen existiert heute nicht mehr. Lediglich der Wappenstein von Paris Lodron ist hoch oben im Torbogen noch zu sehen.

Seinen jetzigen Namen erhielt der Torbogen nach Dr. Anton Sauter, einem Arzt, der sich als Botaniker hohe wissenschaftliche Anerkennung erwarb. Darüber hinaus war er Ehrenmitglied der Gesellschaft für Salzburger Landeskunde und Mitglied des Verwaltungsrates des Salzburger Museum Carolino Augusteum. In Würdigung seiner großen Verdienste wurde die Durchfahrt, nach dem Tode des Wissenschafters im Jahre 1881, Sauterbogen genannt.

Nach bisher 41 Stationen auf unserem Weg durch Salzburgs Geschichte kommt dieser nunmehr zum Ende. Und während wir die wenigen Schritte hinunter zum Platzl gehen, taucht an der Ecke zur Imbergstraße vor unserem geistigen Auge ein letztes der alten Salzburger Tore aus der Erinnerung auf.

Tränktor am Bade

Dort wo heute die Staatsbrücke zum Platzl führt, befand sich in günstiger zentraler Lage ein für die Bevölkerung wichtiges Tränktor.

Das Wasser der Salzach war hier aber nicht nur für Zwecke des Gewerbes oder der Landwirtschaft zugänglich, sondern speiste auch das „Stieglbad", eine der vier großen städtischen Badeanstalten. Bekannt waren damals besonders das Rappelbad im Kai (Pfeifergasse 9), die „Padstuben am Gries" (Löchlbogen) und das Bad in der Neustift oder Bad zu Kaltenbach (Döllerergasse 6).

Darüber hinaus erfüllten das Spitalbad beim Bürgerspital, ein Bad in Nonntal und Mülln – versorgt mit dem Wasser des Hellbrunner Baches bzw. dem Müllner Arm des Almkanales – wichtige hygienische und medizinische Aufgaben.

Um 1599, als das Platzl erstmals Brückenkopf für die Stadtbrücke wurde, mußte das Tränktor am Bade weichen.

Kurze Zeit später, im Jahre 1608, wurde auch das Stieglbad, ab 1369 urkundlich festgehalten als „padstuben enhalb ach pey dem Tor..."[85], anläßlich der Ereignisse um die Stadtbücke abgebrochen. Von einer kurzen Unterbrechung (1608–1620) abgesehen, hat sich seit dieser Zeit der Standort der Hauptbrücke nicht mehr verändert. Erst die Salzachregulierung Mitte des 19. Jahrhunderts brachte die rechte Uferseite in die uns heute bekannte Gestalt.

Das Franziskustor

Über den Herrschaftszeitraum vieler Erzbischöfe wurde das Konzept einer zeitgemäßen Neugestaltung der Stadt unter gleichzeitiger Einbeziehung der geistigen Bedeutung des Gebauten konsequent durchgehalten. Nur so war es möglich, daß trotz oftmaliger Zerstörung und vernichtender Brände unwiederbringliche Bauten und der historische Stadtkern als Kunstwerk über viele Jahrhunderte erhalten blieben. Darüber hinaus verbanden sich eine beachtenswerte Kultur, hohe künstlerische Fähigkeiten und vollendete Handwerkskunst mit einer Landschaft, die in ihrer Vielfalt wohl als einzigartig gilt.

Vergrößerungen des Stadtgebietes erfolgten ab Mitte des 13. Jahrhunderts hauptsächlich durch den Bau von Bürgerhäusern, wobei in der künstlerischen Gestaltung der Häuser auf die Gliederung in Fürstenstadt und Bürgerstadt immer Bedacht genommen wurde.

Nach einem Tiefpunkt Anfang des 19. Jahrhunderts durch die Auswirkungen der Französischen Revolution und der Napoleonischen Kriege bewirkte auch die Ablösung der fürsterzbischöflichen Herrschaft einschneidende Änderungen. Prunkvolle Räume des Residenzgebäudes und die Domherrenhäuser wurden durch den Umbau in Amts- und Büroräume unachtsam zerstört, das alte Hofstallgebäude gar geriet zur Kaserne. Viele weitere Kunst- und Bauwerke büßten ihren hohen historischen Wert teilweise oder auch vollends ein.

1850 wurde das Herzogtum Salzburg eigenes Kronland der österreichisch-ungarischen Monarchie mit einer doch gewissen Selbständigkeit.

Zehn Jahre später, am 4. Jänner 1860, wurde das fortifikatorische Bauverbot aufgehoben und ein Jahr darauf die Festung in eine Kaserne mit Garnisonsarrest und Magazin umgewandelt. Nun aber bestand um diese Zeit bereits kein Unterschied mehr zwischen den Vororten und der angrenzenden Stadt, in der aber auch der Eindruck vorherrschte, daß die begrenzenden Stadtmauern und Tore mit den unversicherten Flußufern einen unerfreulichen Anblick darböten. Am 12. August 1860 wurde die Eisenbahnlinie Wien–Salzburg–München eröffnet. Die kommenden Jahre beeinflußten die Entwicklung der Stadt in entscheidendem Maße.

Die wohl einschneidendsten Veränderungen im bisherigen Erscheinungsbild des Stadtzentrums zwischen den Stadtbergen bewirkte aber die am 28. Juli 1851 begonnene Salzachregulierung (die damals gerade herrschende Sonnenfinsternis mag daher rückblickend als sinnfälliges Omen gewertet werden). Die Stadtmauer zwischen dem Klausentor und der Staatsbrücke fiel als erstes, die Verbauung flußaufwärts – mit dem Abbruch des Michaelstores und des Kajetanertores – folgte unmittelbar danach. Der bis dahin weit ausufernde Fluß wurde in ein Gerinne gezwängt und die beiden Uferseiten in ihre heute bekannte Form gebracht.

Mit 1. Mai 1866 wurden von Kaiser Franz Joseph – aus Anlaß des 50. Jahrestages der Wiedervereinigung des Landes Salzburg mit der österreichischen Monarchie – die Festungswerke „auf ewige Zeiten und unentgeltlich" der Stadt übertragen. Damit war der Weg frei für das Abtragen der Wälle und Bastionen. Bereits 1862 fielen das Mirabelltor und das Äußere Lederertor, die Demolierung begann. Das Material der Wälle wurde für die Ausschüttung des Salzachufers zwischen der Karolinenbrücke und dem Steintor verwendet, die Mündung des Gersbaches in die Gegend der Karolinenbrücke verlegt.

Unter dem Leitspruch „Schöner denn je" begann eine rege Bautätigkeit – zwischen 1860 und dem Jahrhundertende verdoppelte sich die Bevölkerung –, in deren Überschwang durch Unwissenheit, Gewinnsucht und fehlgeleitete Fortschrittsideen sowie auf Grund einer oberflächlichen Verschönerungs- bzw. Neuerungssucht die Weichen für viele weitere unerfreuliche Entwicklungen gestellt wurden. Zu spät erkannte man die Auswirkungen der damaligen Baumaßnahmen unter Freiherr Carl von Schwarz, dem Erbauer der Westbahn und Kunstmäzen der Stadt, der in seiner Begeisterung angeblich nicht zurückgeschreckt haben soll, Monika- und Augustinuspforte samt Schanzen und Mauern niederzureißen, um das so gewonnene Material für den Kanalbau in der neuen Hauptstraße (vom Lederertor zum damaligen Mirabellweiher, heute Schwarzstraße) zu verwenden.

Rückblickend erkennt man, daß der Nutzen aus der Stadterweiterung mit dem Abbruch der einstmals begrünten, interessanten Teile des Befestigungsringes einschließlich der Mauern und Stadttore teuer erkauft wurde. Die mißlungenen Eingriffe in dieses historisch gewachsene Gefüge sind unübersehbar, und aus der Fülle des damals neu Geschaffenen überragt nur weniges den Durchschnitt.

Zwei Weltkriege erschütterten die Stadt. Neben der Zerstörung durch Bomben war das Stadtbild Salzburgs immer wieder auch das Ziel hochfliegender Pläne, besonders als Salzburg um 1938 Reichsgau wurde. So etwa hätte als dominierender Kontrast zur Fürstenstadt auf dem Kapuzinerberg ein Partei-, Sport- und Kulturzentrum im Reichskanzleistil errichtet werden sollen. Die schon bis zu einem detaillierten Modell ausgearbeiteten Pläne sahen den totalen Verbau der Westseite des Kapuzinerberges von der Staatsbrücke bis zur Karolinenbrücke vor. Das Kapuzinerkloster sollte einer „Gauhalle" weichen, auf dem Hang entlang der Imbergstraße hätten ein Sportstadion und ein Festspielhaus Platz finden sollen. Das Franziskischlößl wäre durch die „Gauburg", ein Schulungszentrum für Funktionäre, ersetzt worden. Die Kriegsereignisse und die damals fehlenden finanziellen Mittel verhinderten jedoch schließlich die Ausführung dieses fragwürdigen Projektes.

Die Schäden des Zweiten Weltkrieges wurden unter größten Anstrengungen innerhalb weniger Jahre behoben und nach Wiederherstellung des Domes 1959 die Lücken im Salzburger Stadtbild geschlossen.

Betrachtet man allerdings das Ergebnis, so ist heute offenkundig, daß die Planung von Stadt und Landschaft durch die Erfordernisse des Augenblicks einfach überrollt wurde. Es ist nicht zu übersehen, Salzburg war auf dem Weg zu einer Großstadt – mit all ihren negativen Aspekten.

Wenn auch der Stadtkern bis auf wenige Ausnahmen im großen und ganzen kaum von seiner historischen Anlage verlor, geopfert wurde doch der Rahmen dieses Kunstwerkes. Die Auswirkungen der Kriege, das rapide Ansteigen der Bevölkerungszahl sowie die Industrialisierung weiter Gebiete verhinderten einen harmonischen Anschluß an die alte Stadt; die früher angrenzenden Vororte erlitten durch die rasche Integration schwere Einbußen ihres ursprünglichen Charakters.

Hans Sedlmayr beschreibt Salzburg und seine Umgebung als das, was man in der Malerei eine „Weltlandschaft" genannt hat: „Als Kriterien solcher weitläufiger, panoramahafter Weltlandschaften in der Malerei gelten eine äußerste, zur Vollständigkeit strebende Vielgestaltigkeit, mit möglichst viel Terrain- und Vegetationsformen innerhalb eines Bildraumes, mit Meeresbuchten, Flüssen und Bächen, bizarren Felsgebirgen, sanft gewölbten Hügelzügen und Flachlandschaften, mit unwegsamem Bergland und dicht bebauter Kulturlandschaft, in der auch die Stadt nicht fehlt. Wir bewundern daran ‚die Kraft, mit der etwas Zurechtgebautes mit der Geschlossenheit eines Organismus ausgestattet ist'.

Was an solchen Gemälden die Phantasie vereinigt hat, das zeigt die Landschaft um Salzburg in natura: Schneegebirge, Schroffen, sanfte Berge und Hügel, Flachland; einen Fluß, Bäche, Teiche, Weiher, Seen; Nadel- und Laubwälder, Felder, Wiesen, Auen; Wege, Straßen, Alleen; Dörfer, Weiler, Gehöfte, Herrensitze, Burgen, die große Festung – und die Stadt.

Auch die für jene gemalten Weltlandschaften so typischen bizarren Felsen und Gesteinsformationen fehlen nicht: die Felsnase des Rainberges, der Felsbuckel von Hellbrunn, die Felsstirne des Mönchsberges. Von den stereotypen Motiven der Weltlandschaft fehlt nur noch das Meer, doch das kann man sich – wenn man will – in dem ‚Bayrischen Meer' des Chiemsees dazudenken, ja an klaren Tagen am Horizont sogar sehen.

Das Zusammenkommen so vieler Elemente der Weltlandschaft in einem überschaubaren Ganzen der Wirklichkeit ist etwas Seltenes, wenn nicht etwas Einzigartiges. Schon das Sich-Zusammenfinden der vier oder fünf Hauptbestandteile: Schneegebirge und Ebene, Fluß, Stadt und Burg, ist etwas Ungemeines; man kann es in Europa nur im Bereich der Alpen oder der Pyrenäen erwarten und wird es auch da kaum ein zweites Mal so vollkommen finden."[86]

Wenn Leopold Kohr, im Land Salzburg beheimateter Nationalökonom, den Menschen als das Maß aller Dinge in den Mittelpunkt seiner Lehre stellt, so hat das für Salzburg seine besondere Bedeutung. Nicht die Veränderungen selbst sind es, die zerstören, sondern das Ausmaß der Veränderungen. Viele im nachhinein festgestellte Fehlentwicklungen oder nicht gewollte Ergebnisse sind auf maßlose Größenordnungen zurückzuführen. Theophrastus Paracelsus – der erste moderne Arzt Salzburgs – formulierte es kurz und bündig: „Alles ist Gift. Ausschlaggebend ist nur die Menge." Die sich laufend steigernden technologischen Möglichkeiten können nicht das Maß der wünschenswerten Veränderungen einer Stadt wie Salzburg sein. Konzentration und bedenkenlose Ausführung im Bauwesen sowie überdimensionierte Straßenprojekte verändern Landschaften bis zur Wertlosigkeit. Salzburg kann einfach nicht alle Wünsche der Welt erfüllen, ohne dadurch seine Identität zu verlieren.

„Es ist unmöglich, sich um Salzburg nicht zu sorgen." Da schmerzt nicht nur der Verlust eines Stadttores oder eines Stückes Stadtmauer, sondern da werden Gesinnung und Entwicklung einer Gesellschaft angesprochen, die in ihrer neugeschaffenen Architektur vielfach nur mehr industrielle Massenzivilisation symbolisieren kann und sich überlieferten Werten kaum mehr verpflichtet weiß. In der Rückkehr zum richtigen Maß liegt die Chance für Salzburg.

Viele Besonderheiten heben das Antlitz Salzburgs aus dem Allgemeinen heraus und verleihen der Stadt eine nach wie vor nahezu ungebrochene Strahlkraft und Atmosphäre. Die alten Salzburger Stadttore haben ein Wesentliches dazu beigetragen – und tun das noch heute, wenn auch ihre großen Tage vorbei sind, ihre Fenster erblindet und die stolzen Bögen geborsten.

Anhang

Das im Ablauf der Zeiten sich stetig ändernde Antlitz der Stadt bot immer wieder Anlaß, es im Bilde festzuhalten. Als Detailmotive wurden dabei nicht selten Salzburger Stadttore gewählt. So kommt es, daß uns in den verschiedenen Archiven und Museen eine ganze Reihe von alten Ansichten zugänglich ist – teils von Hand gefertigt, teils fotografisch festgehalten. Die folgenden Abbildungen bieten eine Auswahl aus diesem Schatz – nicht als eine vollständige Dokumentation, sondern als eine Zusammenstellung von Beispielen, die so vielleicht zu eigenem Forschen anregen kann.

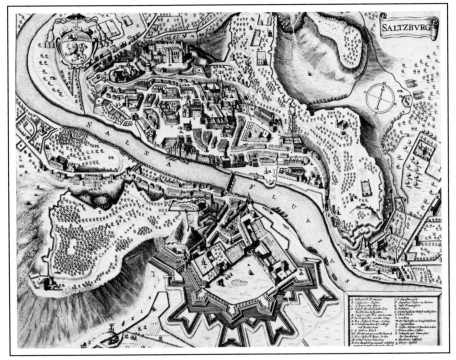

1

2

3

5

6

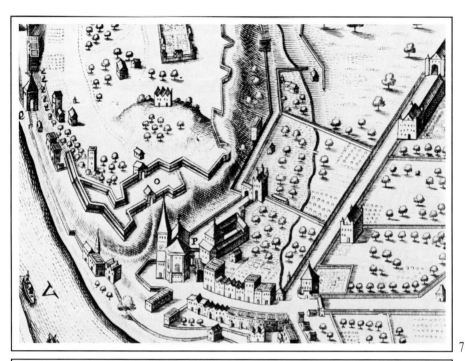

7

8

9

10

13

14

16

17

18

20

21

Und wie ergeht es den alten Stadttoren heute? Welchen bewegten Verlauf hat ihr Schicksal bis in unsere Tage herauf genommen? Wieviele von ihnen bestehen überhaupt noch? Antwort auf diese Fragen bietet der „historische Spaziergang" dieses Buches, und wer die Mühe auf sich nimmt, die alten Tore tatsächlich zu besuchen, kann sich mit eigenen Augen ein Bild machen. Für alle anderen soll die folgende Zusammenstellung von heutigen Ansichten einiger erhalten gebliebener Tore bzw. deren ehemaliger Standorte zeigen, wie unterschiedlich der Zahn der Zeit an den einzelnen Bauwerken genagt hat: Da gibt es einige wenige, meist weitab vom Straßenverkehr gelegen, deren Aussehen und Funktion im Lauf der Jahrhunderte kaum zu Schaden kamen (Abb. 23 bis 29). Manche andere sind zwar bis heute vorhanden, geben aber deutlich Zeugnis davon, wie wenig Rücksicht im Zuge von Modernisierung und Verkehrserweiterung auf ihre Eigenart genommen wurde (Abb. 30 bis 33). Eine dritte Gruppe schließlich ist mahnendes Beispiel für sorglosen Umgang mit alter Substanz: Soweit überhaupt noch vorhanden, sind diese Tore inmitten Asphalt und Beton nahezu verschwunden, die meisten aber existieren längst schon gänzlich nicht mehr (Abb. 34 bis 39).

30

31

32

33

34

35

36

37

38

39

Die Abbildungen im Anhang

Abb. 1 Gesamtansicht Salzburgs aus dem Jahre 1644
Abb. 2 Das Klampferertor, vom Kranzlmarkt aus gesehen
Abb. 3 Das Fleischtor (1831). Die Stadtmauer bildete die Rückseite der Kaserne.
Abb. 4 Das Niedere Tränktor, vom heutigen Sterngarten aus gesehen
Abb. 5 Das Klausentor vor der Flußregulierung
Abb. 6 Das Salzachgäßchen in Richtung Salzach mit einem Teil der Stadtmauer
Abb. 7 Mülln um 1644. In der Bildmitte hinter dem Augustinerkloster erkennt man das Wartelsteintor.
Abb. 8 „Ofenlochberg mit einem Thore und Mauerwerk der alten Stadt Juvavia, den 28. Februar 1815". Aquarell, gefunden auf dem Salzburger Nikolausmarkt, mit einer Darstellung des Römertores.
Abb. 9 Felsenreitschule, links im Bild die Stiege hinter der Mönchsbergpforte (heutige Clemens-Holzmeister-Stiege)
Abb. 10 Stadtansicht flußabwärts; rechts das Äußere Steintor am Ende der Steingasse
Abb. 11 Das Äußere Linzer Tor (Rupertstor) mit Durchblick auf das Linzer Tor (St.-Sebastians-Tor; 1828)
Abb. 12 Das Mirabelltor vor der Stadterweiterung (Mitte 19. Jh.), flankiert von den Wällen der Bastei
Abb. 13 Das Mirabellschloß mit dem ursprünglichen Turm und dem an den Flügelbau anschließenden Tor
Abb. 14 Das Äußere Lederertor (1861) zur Salzach hin. Innerhalb des Tores teilt sich der Weg: nach links in die Theatergasse, nach rechts in die ehemalige Schlossergasse.
Abb. 15 Erhalten gebliebenes Tonnengewölbe des Äußeren Nonntaltores
Abb. 16 Das Kajetanertor um 1870
Abb. 17 Abbruch des Michaelstores (1867; zur Salzach hin gesehen)
Abb. 18 Das Laufener Tor (am Beginn der heutigen Gaswerkgasse)
Abb. 19 Der Rathausbogen vor der Erweiterung
Abb. 20 Blick vom Kapuzinerberg in Richtung Mülln; deutlich sichtbar die Basteien sowie die drei Linzer Tore (1862/63). Das Mirabelltor ist bereits nicht mehr vorhanden.
Abb. 21 Der Hexenturm; ganz rechts im Bild (vor der Loretokirche) das Kotbrücktor
Abb. 22 Innenseite des Linzer Tores
Abb. 23 Die Augustinuspforte
Abb. 24 Die Bürgermeisterpforte (fälschlich als Schartentor beschildert)
Abb. 25 Das Niedere Tränktor, vom Sterngarten aus gesehen
Abb. 26 Das Innere Steintor

Abb. 27   Das Schartentor
Abb. 28   Das St.-Andreas-Tor
Abb. 29   Das Bürgerwehrtor
Abb. 30   Das Innere Lederertor
Abb. 31   Der Löchlbogen
Abb. 32   Das Müllegger Tor
Abb. 33   Das Salzachtor
Abb. 34   Standort des ehemaligen Kajetanertores
Abb. 35   Das Klampferertor
Abb. 36   Das Kotbrücktor
Abb. 37   Standort des ehemaligen Linzer Tores
Abb. 38   Standort des ehemaligen Michaelstores
Abb. 39   Standort des ehemaligen Mirabelltores

Bildquellen-Nachweis

Abb. 1 bis 13: Salzburger Museum Carolino Augusteum

Abb. 14: Dr. Wolfgang Schütz, Salzburg (mit freundlicher Genehmigung des Pannonia-Verlags, Freilassing)

Abb. 15 bis 20: Salzburger Museum Carolino Augusteum

Abb. 21 bis 37: Walter Kirchschlager und Richard Höck, Salzburg

Abb. am vorderen Vorsatzblatt: Salzburger Museum C. A.

Die Unterlagen für die Gesamtansicht von Salzburg am Schluß des Buches (Faltkarte) wurden uns freundlicherweise vom Otto Müller Verlag, Salzburg, zur Verfügung gestellt.

Die Inschriften der Salzburger Stadttore

Die Errichtung eines Stadttores war zu allen Zeiten ein Schritt von nicht geringer Bedeutsamkeit – sowohl in verteidigungsstrategischer Hinsicht als auch vom städtebaulichen Standpunkt aus, und nicht zuletzt aus der Sicht des finanziellen Aufwandes. So verwundert es nicht, daß kaum ein Verantwortlicher es unterließ, die Nachwelt über seine Rolle bei der Entstehung des Bauwerkes zu unterrichten: In Stein gehauene Torinschriften schienen am ehesten geeignet, Zeitpunkt und Zweck der Errichtung zu dokumentieren und über die Zeiten hinweg von der Person des Urhebers zu künden.

Im folgenden sind erhalten gebliebene und überlieferte Inschriften von Salzburger Stadttoren gesammelt, wobei dem Originaltext die jeweilige deutsche Übersetzung beigegeben ist.

Kajetanertor

TIBI D(IVAE) ERNTRUDIS HAEC PUBLICAE SECURITATIS ADIUMENTA A SE EXTRUCTA NUNCUPAT PARIS E COMIT(IBUS) LODRONI ARCHIEP(ISCOPUS) ET PRINC(EPS) TU OPERI QUOD TUA TEMPLA TUASQUE E VICINO SORORES TUETUR DE COELO ROBUR CONCILIA. A(NNO) D(OMINI) MDCXXXXIIII

Dir, der hl. Erntrudis, widmet Paris aus dem Grafengeschlecht von Lodron diese von ihm erbauten Stützen der öffentlichen Sicherheit; du verleih diesem Werk, das dein Kloster und deine Schwestern aus der Nähe beschützt, Kraft. Im Jahre des Herrn 1644.

☆

Michaelstor

ARCHIEP(ISCOPU)S PARIS EX COM(ITIBUS) LODRONI F(ECIT) MDCXXVIII

Erzbischof Paris aus dem Grafengeschlecht von Lodron hat (das) gemacht 1628.

☆

Fleischtor

URBIS CUSTODIAE ET CIVIUM PACI
ARCHIEPISCOPUS PARIS EX COM(ITIBUS) LODRONI
F(ECIT) ANNO MDCXXXXI

Zur Bewachung der Stadt und zum Frieden der Bürger hat das Erzbischof Paris aus dem Grafengeschlecht von Lodron im Jahre 1641 errichtet.

☆

Neutor, stadteinwärts

TE SAXA LOQUUNTUR

Dich preisen diese Steine.

Neutor, stadtauswärts

D(EO) O(PTIMO) M(AXIMO) D(IVO) SIGISMUNDO M(ARTYRI) PUBLICO BONO COMMODO DECORI SIGISMUNDI ARCHIEPISCOPI SALISBURGENSIS E S(ACRI) R(OMANI) I(MPERII) COMITIB(US) DE SCHRATTENBACH W(OLFGANGUS) HAGENAUER ARCHIT(ECTUS)

Gott, dem besten und größten, dem göttlichen Märtyrer Sigismund, dem öffentlichen Nutzen, der Annehmlichkeit, der Zierde und dem ewigen Angedenken des Salzburger Erzbischofs Sigismund aus des Heiligen Römischen Reiches Grafengeschlecht von Schrattenbach (widmet dieses Bauwerk) der Architekt Wolfgang Hagenauer.

Gstättentor, stadteinwärts

PUBLICO DECORO MARCUS SITTICUS SALISBURGENSIUM PRAESUL EREXIT A(NNO) D(OMINI) MDCXVIII

Zur öffentlichen Zierde hat (das) Marcus Sitticus, der Erzbischof von Salzburg, im Jahre des Herrn 1618 erbaut.

Gstättentor, stadtauswärts

MARCUS SITTICUS EX ALTA EMBSIIS COMITIBUS ARCHIEP(ISCOPU)S ET PRINCEPS INDECORAM PRIUS ET ANGUSTAM PORTAM IN HANC AMPLITUDINEM APERVIT ET ORNAVIT ANNO D(OMINI) MDCXVIII

Marcus Sitticus aus dem Hohenemser Grafengeschlecht, Erzbischof und Fürst, hat diese früher schmucklose und enge Pforte zu dieser Weite geöffnet und geschmückt im Jahre des Herrn 1618.

Klausentor

MARCO SITTICO ARCHIEPISCOPO ET PRINCIPE SENATUS SALISBURG(ENSIS) PUBLICAE SECURITATI CONFECIT A(NNO) MDCXII

Unter dem Erzbischof und Fürsten Marcus Sitticus hat der (Stadt-)Senat von Salzburg (das) zur öffentlichen Sicherheit errichtet im Jahre 1612.

Augustinuspforte

FIRMO AFRICAE PROPUGNACULO ACRI HAERETICORUM MALLEO MAGNO HIPPONENSIS EPISCOPO AUGUSTINO PARIS LODRONIUS ARCHIEPISCOPUS ET PRINCEPS HAEC CONTRA HAERESIN PROPUGNACULA CONSECRAT ANNO MDCXXIII

Dem festen Bollwerk Afrikas, dem scharfen Hammer gegen die Häretiker, Augustinus, dem großen Bischof von Hippo, weiht Paris Lodron, Erzbischof und Fürst, dieses Bollwerk gegen die Irrlehre im Jahre 1623[88].

☆

Monikapforte

D(IVAE) MONICAE BONAE MATRIS PRAESIDIO QUAE AUGUSTINUM INGENS ECCLESIAE MUNIMENTUM BIS PEPERIT HOC URBIS MUNIMENTUM COMMENDAT PARIS ARCHIEP(ISCOPUS) SALISB(URGENSIS) A(NNO) MDCXXXIIX

Dem Schutze der göttlichen Monika, der guten Mutter, die den Augustinus, das mächtige Bollwerk der Kirche, zweimal gebar[89], vertraut Paris Erzbischof von Salzburg dieses Bollwerk der Stadt an im Jahre 1638.

☆

Bürgermeisterpforte

HOC VALLO VALLEM CLAUSIT PARIS E COM(ITIBUS) LODRONI ARCH(IEPISCOPUS) MDCXXXV

Mit diesem Wall schloß das Tal Erzbischof Paris aus dem Grafengeschlecht von Lodron 1635.

☆

Schartentor

NUDUM ANTE HOC URBIS ARCISQ(UE) LATUS HIS MUNIMENTIS FIRMAT PARIS E COM(ITIBUS) LODRONI ARCH(IEPISCOPUS) MDCXXXV

Diese vorher unbewehrte Seite der Stadt und der Burg befestigte mit diesen Wehrmauern Erzbischof Paris aus dem Grafengeschlecht von Lodron 1635.

☆

Steintor, stadtauswärts

PRAECURSORI DOMINI JOANNI BAPT(ISTAE) HANC PORTAM RECISA RUPE INCISA FOSSA ASTRUCTO VALLO MUNITAM ATQUE E TENEBRIS ANGUSTIISQUE

EDUCTAM SACRAM ESSE IUBET PARIS E COMIT(IBUS) LODRONI ARCHI-
EPISCOPUS MDCXXXIV

Erzbischof Paris aus dem Grafengeschlecht von Lodron gebietet, daß dieses Tor, das durch
scarpierten Fels, durch den eingeschnittenen Graben und den angebauten Wall geschützt und
aus Finsternis und Enge aufgeführt wurde, Johannes dem Täufer, dem Vorläufer des Herrn,
geweiht sei. 1634.

☆

Felixpforte

FELICISSIMO PAUPERI B(EATO) FELICI CAPUCCINO HAEC SAXEA MONTIS
SEPTA VT FELICIA VT INVICTA SINT DICAT PARIS E COM(ITIBUS) LODRONI
ARCHIEP(ISCOPUS) ET PRINC(EPS) A(NNO) C(HRISTI) MDCXXXII

Dem glücklichsten Armen, dem seligen Felix dem Kapuziner, weiht Paris aus dem Grafengeschlecht von Lodron, Erzbischof und Fürst, diese Wehren aus dem Fels des Berges, damit sie
glücklich und unbesiegt seien, im Jahre Christi 1632.

☆

Franziskustor

DOMUM TUAM ACCEDENTES PROTEGE MDCXVII

Beschütze jene, die zu deinem Haus kommen 1617.

☆

Linzer Tor, stadtauswärts

DIVO SEBASTIANO PROTECTORE MARCUS SITTICUS SALISBURGENSIS
ARCHIEPISCOPUS ET PRINCEPS CORRUENTEM PORTAM URBI DECORO
CIVIBUS PRAESIDIO A FUNDAMENTIS IN HANC FIRMITATEM REAEDIFICARI
CURAVIT ANNO MDCXIIII PRINCIPATUS VERO II

Unter dem Schutz des heiligen Sebastian ließ Marcus Sitticus, Erzbischof und Fürst von Salzburg, das einstürzende Tor, der Stadt zur Zierde und den Bürgern zum Schutz, von Grund auf
zu dieser Stärke erbauen; im Jahr 1614, im 2. Jahr seiner Regierungszeit.

Äußeres Linzer Tor, stadtauswärts

Tafel 1: DEO OPT. MAX.
Gott, dem Besten und Größten.

Tafel 2: DIVISQUE TUTELARIBUS ADSPIRANTIBUS
und den heiligen hilfreichen Beschützern.

Tafel 3: PARIS EX COM(ITIBUS) LODRONI ARCHIEP(ISCOPU)S ET PRINCEPS SALISBURGENSIS S(ANCTAE) S(EDIS) A(POSTOLICAE) LEGATUS JUVAVUM SAXEIS HIS MOLIBUS ET PROPUGNACULIS ATQUE AGGERE PERPETUO COMMUNIVIT

Paris aus dem Grafengeschlecht von Lodron, Erzbischof und Fürst zu Salzburg, Legat des hl. Apostolischen Stuhls, hat Salzburg mit diesen Mauern und Bollwerken aus Fels und einem dauernden Wall befestigt.

Tafel 4: MONTIUM DEVEXA VASTASQUE RUPIUM CREPIDINES NEQUID SECURITATI DEESSET FERRO ET VECTIBUS PRAECIPITAVIT, DIVOQUE RUPERTO FUNDATORI DEDICAVIT ANNO MDCXXIIX

Er (Paris Lodron) hat die Berghänge und die weitläufigen Felskanten, damit nichts zur Sicherheit fehle, mit eisernen Brechstangen scarpieren lassen und dem heiligen Gründer Rupert geweiht im Jahr 1628.

Tafel 5: HOSTIBUS OBSTACULO
Den Feinden zum Hindernis.

Tafel 6: PATRIAE ET AMICIS PRAESIDIO
Dem Vaterland und den Freunden zum Schutz.

Äußerstes Linzer Tor

PRO PATRIAE SALUTE ET VRBIS MUNIMINE IOANNES ERNESTUS ARCHIEP(ISCOPU)S ET PRINCEPS SALISB(URGENSIS) S(ANCTAE) S(EDIS) AP(OSTOLICAE) LEG(ATUS) EX COM(ITIBUS) DE THUN ETC. ETC. F(IERI) F(ECIT) A(NN)O MDCCIV

Zum Heil des Vaterlandes und zum Schutze der Stadt ließ Johann Ernst, Erzbischof und Fürst von Salzburg, Legat des heiligen Apostolischen Stuhls, aus dem Grafengeschlecht von Thun etc. etc., (das) machen im Jahre 1704.

☆

Mirabelltor (Virgiltor)

D(IVI) VIRGILII HONORI SUORUM CIVIUM SALUTI SUO IN CIVES AMORI HAEC CONDIDIT MOENIA PARIS EX COM(ITIBUS) LODRON(I) ARCHIEP(ISCOPUS) ET PRINCEPS ANNO MDCXXVII

Dem heiligen Virgil zur Ehre, zum Heil seiner Bürger, aus seiner Liebe zu den Bürgern fügte Paris aus dem Geschlecht der Grafen von Lodron, Erzbischof und Fürst, dieses Bollwerk zusammen im Jahre 1627.

Erklärung der wichtigsten Fachausdrücke

Accis	— Abgabe
Bastei, Bastion	— vorspringender Teil einer Befestigungsanlage
Chaussee	— Landstraße
Examinierstüblein	— Prüfungsraum
Fideicommiß	— unveräußerliches Eigentum, dessen Inhaber nur Rechte an Nutzung und/oder Ertrag besitzen
Flexion	— Biegung
Fortification	— Befestigung
Fossé	— Graben
Fronfeste	— heutiges Justizgebäude
Joch	— hier: Brückenstütze
Krenelierung	— mit Zinnen versehen
Nagelfluh	— in den Voralpen häufige Gesteinsart
Palisade	— starker, oben zugespitzter Pfahl zur Befestigung oder: aus einer Reihe von Pfählen bestehendes Hindernis
Pilaster	— Wandpfeiler oder -säule
Portikus	— von Säulen getragener Vorbau
Primogenitur	— Erbfolgebeschränkung zugunsten des Erstgeborenen
Ravelin	— Außenwerk der Befestigung
Responsabilität	— Verantwortung
Schanze	— Verteidigungsplattform
Secundogenitur	— Erbfolgebeschränkung zugunsten der Nebenlinie
Türnitz	— kleine Kaserne
Ubication	— Standort

Tornamen-Übersicht

Für nahezu jedes der Salzburger Stadttore war zur Zeit seines Bestehens und auch später mehr als nur eine Bezeichnung in Gebrauch – manchmal bis zu acht an der Zahl. Teils handelt es sich dabei um verschiedene, nebeneinander gebräuchliche Schreibweisen desselben Namens, meist aber um tatsächlich unterschiedliche Bezeichnungen, die sich im Volksmund eingebürgert haben – sei es nach der Funktion eines Tores, nach einem markanten Gebäude der unmittelbaren Umgebung oder sonst einem Kriterium. In einigen Fällen ist nicht einmal eine einheitliche offizielle Benennung nachzuweisen. Die folgende Übersicht bringt eine Zusammenstellung der Salzburger Tornamen mit den parallel dazu gebräuchlichen Bezeichnungen.

Äußeres Nonnbergtor

Nonnbergtor
Oberes Nonnbergtor

Inneres Nonntaltor

Innere Nuntalklause
Klause unter dem Nunberg

Äußeres Nonntaltor

Äußere Klause
Nonntaler Klause
Schanzltor

Kajetanertor

Erentraudstor
Kajetanerpforte
Nonntaler-Kay-Tor
Nonntaltor
St.-Erentrudis-Tor
St.-Erentrauds-Pforte

Kumpfmühltor

Drittes Brückentor
Kay-Tor
Kumpfmüllner Tor
Oberes Tränktor

Michaelstor

Michaelertor
St.-Michaelis-Tor

Die Pforte

An den Porten
Erstes Brückentor
Haupttor am Fluß
Porta
Stadtpforte

Zweites Brückentor

Türlein

Klampferertor

Anländttor
Brückenpforte
Drittes Brückentor
Klampferertörlein
Unteres Tränktor

Rathaustor

Kheuzltor
Obpacherbogen
Rathausbogen
Sechstes Brückentor
Tränktor
Viertes Brückentor

Löchlbogen

Fünftes Brückentor
Hagenauertor
Neues Tränktor
Oberes Tränktor
Wolf-Dietrich-Bogen

Fleischtor

Fleischertor
Fleischthörchen
Griestor
Tor an der Türnitz
Wassertor

Niederes Tränktor

Altes Tränktor
Unteres Tränktor

Neutor

Sigmundstor
Felsentor

Gstättentor

Bürgerspitaltor
Innere Klause
Inneres Klausentor
Inneres Gstättentor
Schleiferbogen
Schleifertor
Westertor

Klausentor

Äußere Klause an der Gstätten
Äußeres Gstättentor
Frauentor
Marientor
St.-Gertrauds-Tor
Schleusentor
Unserer-Lieben-Frauen-Tor

Salzachtor

Laufener Tor

Lieferinger Tor
Müllner Tor
Schergentor

Müllegger Tor

Das mittlere Tor zu Mülln
Grimmingtor
Reichenhaller Tor
St.-Johann-Spital-Tor
Tiroler Tor
Tor am St.-Johann-Spital

Wartelsteintor

Rietenburgtor
Tor da man zur Rietenburg get
Wartelsteinertor

Monikapforte

Äußere Monikapforte
Monikator
Untere Monikapforte

Augustinuspforte

Innere Monikapforte
Obere Monikapforte

Bürgerwehrtor

Bürgermeisterpforte

Bürgermeisterloch
Bürgermeistertor

Römertor

Schartentor

Katzentor
Vierter Sperrbogen

Mönchsbergpforte

Steckentor

Äußeres Steintor

Bürglsteintor
Klause zu Pyrglen
Pyrglsteintor

Inneres Steintor

Klaubertor
Judenklause
Judentor
St. Johannes des Taufers Thor
St.-Johannis-Tor
Steintor

Felixpforte

Felixtor
St.-Felix-Pforte

Franziskustor

Kapuzinertor

Inneres Ostertor

Altes Ostertor
Österreichertor
Osterpforte
Ostertor

Linzer Tor

Äußeres Ostertor
Galgentor
Inneres Linzer Tor
Oberes Ostertor
St.-Sebastians-Tor

Äußeres Linzer Tor

Rupertstor
Rupertitor
St.-Ruperts-Tor

Äußerstes Linzer Tor

Ravelintor

Kotbrücktor

Bruderhoftor
Kotprückltor

Bergstraßtor

Bergheimerstraßtor
Mitterbacherbogen
Lodronbogen
Poetschentor
Poschentor
Potschentor
Rennbüheltor
St.-Ägidius-Tor

Mirabelltor

St.-Virgils-Tor
Virgili-Tor
Virgiltor

Tor am Hannibalplatz

Hannibaltor

Inneres Lederertor

Pförtlein im Lederertor

Äußeres Lederertor

St.-Vitals-Tor
Vitalistor
Wassertor

St.-Andreas-Tor

Andräbogen
Andreasbogen
Sauterbogen

Tränktor beim Bade

Anmerkungen

1 Salzburg Chronik 1960, S. 104
2 Zillner F. V., Bd. 1, Abschn. III, S. 16
3 Zillner F. V., Bd. 1, Abschn. III, S. 39
4 Dopsch/Spatzenegger, Geschichte Salzburgs, Bd. I/2, S. 832
5 MGSLK, Bd. 10/1870, S. 74
6 MGSLK, Bd. 10/1870, S. 77
7 Dopsch/Spatzenegger, Geschichte Salzburgs, Bd. I/2, S. 713
8 Entspricht etwa dem heutigen Landesbaudirektor
9 Zillner F. V., Bd. 1, Abschn. III, S. 28, u. Abschn. IX, S. 170
10 Zillner F. V., Bd. 1, Abschn. IV, S. 45
11 Zillner F. V., Bd. 2, Abschn. VI, S. 503
12 Petter A., in MGSLK, Bd. 41/1901
13 Frank A., in MGSLK, Bd. 86/87 – 1946/1947
14 Zillner F. V., Bd. 1, Abschn. III, S. 23
15 Stahl Eva, Wolf Dietrich von Salzburg, S. 357
16 Zillner F. V., Bd. 1, Abschn. III, S. 24
17 Zillner F. V., Bd. 1, Abschn. III, S. 24
18 Hübner L., Bd. 1, S. 405
19 Zeller G., in MGSLK, Bd. 41/1901, S. 96
20 Zeller G., in MGSLK, Bd. 41/1901, S. 91–97
21 Dopsch/Hoffmann, Salzburg Chronik 1984, S. 176
22 Schaup W., Altsalzburger Photographien, S. 40
23 Zillner F. V., Bd. 1, Abschn. III, S. 25
24 MGSLK, Bd. 86/87 – 1946/1947
25 Schaup W., Altsalzburger Photographien, S. 16
26 Dopsch/Spatzenegger, Geschichte Salzburgs, Bd. I/2, S. 763
27 Zillner F. V., Bd. 1, Abschn. III, S. 26
28 Dopsch/Spatzenegger, Geschichte Salzburgs, Bd. I/2, S. 762
29 Zillner F. V., Bd. 1, Abschn. III, S. 27
30 Hübner L., Bd. 1, S. 18f.
31 Zillner F. V., Bd. 2, Abschn. VI, S. 506
32 Hübner L., Bd. 1, S. 141f.
33 Hübner L., Bd. 1, S. 6–16

34 Zillner F. V., Bd. 1, Abschn. III, S. 28
35 Hübner L., Bd. 1, S. 26
36 Hübner L., Bd. 1, S. 29
37 Hübner L., Bd. 1, S. 15
38 Eltz-Hoffmann L., Salzburger Brunnen, S. 43
39 Dopsch/Spatzenegger, Geschichte Salzburgs, Bd. I/2, S. 760
40 Zillner F. V., Bd. 1, Abschn. III, S. 33
41 Zillner F. V., Bd. 1, Abschn. III, S. 29
42 MGSLK, Bd. 41/1901, S. 101
43 Hahnl A., Das Neutor, S. 59–65
44 Hahnl A., Das Neutor, S. 45
45 Hübner L., Bd. 1, S. 500
46 Hübner L., Bd. 1, S. 65
47 Brettenthaler J., Mülln – Stadtteil der Zukunft, S. 17
48 Brettenthaler J., Mülln – Stadtteil der Zukunft, S. 14
49 Hübner L., Bd. 1, S. 458
50 Zillner F. V., Bd. 1, Abschn. III, S. 31f.
51 Brettenthaler J., Mülln – Stadtteil der Zukunft, S. 52
52 Hübner L., Bd. 1, S. 467
53 Brettenthaler J., Mülln – Stadtteil der Zukunft, S. 43
54 Brettenthaler J., Mülln – Stadtteil der Zukunft, S. 43f.
55 MGSLK, Bd. 70/1930, S. 43
56 Hübner L., Bd. 1, S. 470
57 Martin F., Salzburg – Geschichte und Kunst dieser Stadt, S. 189
58 Hübner L., Bd. 1, S. 471
59 Petter A., in MGSLK, Bd. 41/1901
60 Hübner L., Bd. 1, S. 305
61 Salzburg Chronik 1960, S. 87
62 MGSLK, Bd. 70/1930, S. 2
63 Hübner L., Bd. 1, S. 68f.
64 Zillner F. V., Bd. 1, Abschn. III, S. 33
65 Hübner L., Bd. 1, S. 320
66 Zillner F. V., Bd. 1, Abschn. XV, S. 403
67 Dopsch/Hoffmann, Salzburg Chronik 1984, S. 218
68 Dopsch/Spatzenegger, Geschichte Salzburgs, Bd. I/2, S. 830f.

69 Dopsch/Spatzenegger, Geschichte Salzburgs, Bd. I/2, S. 830f.
70 MGSLK, Bd. 35/1895, S. 146f.
71 Hübner L., Bd. 1, S. 360
72 Salzburg Chronik 1960, S. 190
73 Habeck F., Der Salzburg-Spiegel, S. 40ff.
74 Zillner F. V., Bd. 1, Abschn. III, S. 35f.
75 Hübner L., Bd. 1, S. 330
76 MGSLK, Bd. 95/1955, S. 51ff.
77 Hübner L., Bd. 1, S. 397
78 Salzburg Chronik 1960, S. 186
79 Salzburg Chronik 1960, S. 206
80 Zillner F. V., Bd. 1, Abschn. III, S. 37
81 Dopsch/Spatzenegger, Geschichte Salzburgs, Bd. I/2, S. 859
82 Hübner L., Bd. 1, S. 314f.
83 Schaup W., Altsalzburger Photographien, S. 12
84 Hübner L., Bd. 1, S. 325f.
85 Zillner F. V., Bd. 1, Abschn. III, S. 37
86 Sedlmayr H., Stadt ohne Landschaft, S. 6f.
87 Die Zusammenstellung der Inschriften erfolgte unter Zugrundelegung von: M. Leitich, „Lateinische Inschriften..." sowie L. Hübner, „Beschreibung..." (siehe Literaturverzeichnis).
88 Diese Aufschrift ist – ebenso wie jene der Monikapforte – eine Reverenz gegenüber dem nahen Augustiner-Eremitenkloster Mülln. Aurelius Augustinus setzte sich intensiv mit christlichen Spaltlehren auseinander und wird daher hier „Bollwerk" und sogar „Hammer" gegen die „Ungläubigen" genannt.
89 Zweimal gebar: Einmal als Sohn, später dann zum Christentum
90 Die Kapuziner sind einer der drei Hauptzweige des Franziskanerordens. Die Benennung nach dem hl. Franziskus kann als Hinweis dienen, daß hier der Aufgang zum Kapuzinerkloster beginnt.
91 Diese Aufschrift des ehemaligen Linzer Tores findet sich heute an der Kirchenwand im Bürgerspitalhof. Vom gleichen Tor hat sich auch das Sebastian-Relief erhalten, das an der Außenseite der St.-Blasius-Kirche angebracht ist.

Literaturverzeichnis

Brettenthaler Josef: Mit der „Hypo" durch Nonntal. Salzburg 1972.

Brettenthaler Josef: Mülln – Stadtteil der Zukunft. Salzburg 1980.

Boeck Johann A.: Wahrhaftige und anmutige Ansichten des alten Salzburg. Salzburg o. J.

Das neue Salzburger Festspielhaus. Salzburg 1960.

Dopsch Heinz, **Hoffmann** Robert: Salzburg Chronik. Salzburg 1984.

Dopsch Heinz, **Spatzenegger** Hans (Hrsgg.): Geschichte Salzburgs, Stadt und Land, Bd. I (1 + 2). Salzburg 1984.

Eltz-Hoffmann Lieselotte: Salzburger Brunnen. Salzburg 1979.

Fuhrmann Franz: Salzburg in alten Ansichten. 3. Aufl., Salzburg 1981.

Habeck Fritz: Der Salzburg-Spiegel. Kirigins Tagebuch aus der Mozart-Zeit. Salzburg 1967.

Hahnl Adolf: Das Neutor. Salzburg 1977.

Heinisch Reinhard R.: Salzburg im Dreißigjährigen Krieg. Wien 1968.

Hettwer Emil: Geschichtliche Übersichtskarte der Stadt. In: Österreichische Kunsttopographie, Band XIII. Wien 1914.

Hübl Josef: Heimatkunde Stadt Salzburg. Salzburg 1974.

Hübner Lorenz: Beschreibung der hochfürstlich-erzbischöflichen Haupt- und Residenzstadt Salzburg und ihrer Gegenden. Salzburg 1792, fotomechanischer Nachdruck 1982.

Klein Herbert: Beiträge zur Siedlungs-, Verfassungs- und Wirtschaftsgeschichte von Salzburg. Salzburg 1965.

Kohr Leopold: Das Prinzip der „Arche Noah". ORF-Symposion 1982.

Leitich Meinhard: Lateinische Inschriften in der Stadt Salzburg. Salzburg 1983.

Leitinger Josef: Grundriß über die Gegend von der Pestmauer angefangen bis in die Riedenburg nach 1795, vor 1802. Salzburger Landesarchiv, Karten und Risse, F 15.

Martin Franz: Kunstgeschichte von Salzburg. Wien 1925.

Martin Franz: Salzburg. Geschichte und Kunst dieser Stadt. Durchgesehene und erweiterte Aufl. Salzburg/Stuttgart 1964.

Merian „Salzburg". 35. Jg., Nr. 1. Hamburg 1982.

Mitteilungen der Gesellschaft für Salzburger Landeskunde (erscheint jährlich). Band 1, 2, 6, 10, 21, 28, 30, 35, 41, 55, 70, 73, 74, 79, 82, 86, 87, 95.

Nagl Heinz: Der Zauberer-Jackl-Prozeß. Innsbruck 1966/Salzburg 1972.

Neuhardt Johannes: Salzburg – Bewahrte Schönheit. Freilassing 1976.

Pagitz Franz: Der Pfalzbezirk in St. Michael in Salzburg. Salzburg 1975.

Peternell Pert: Salzburg Chronik. Salzburg/Stuttgart 1960.

Ritschel Karl Heinz: Salzburg – Anmut und Macht. Hamburg 1970.

„Salzburger Landes-Zeitung" Nr. 38/1982. Salzburg 1982.

Schaup Wilhelm: Altsalzburger Photographien. Salzburg 1967.

Schmiedbauer Alois: Salzburg – Gestalt und Antlitz. Salzburg 1982.

Sedlmayr Hans: Die demolierte Schönheit. Salzburg 1965.

Sedlmayr Hans: Stadt ohne Landschaft. Salzburg 1970.

Stadler Georg: Mönchs- und Kapuzinerberg. In: Unsere Salzburger Stadtberge. Salzburg 1983.

Stahl Eva: Wolf Dietrich von Salzburg. Wien/München 1980.

Steinitz Wolfgang: Salzburg – Ein Kunst- und Reiseführer für Stadt und ihre Umgebung. Salzburg 1971.

Tietze Hans, **Martin** Franz: Die profanen Denkmale der Stadt Salzburg. In: Österreichische Kunsttopographie, Band XIII. Wien 1914.

Zillner Franz Valentin: Geschichte der Stadt Salzburg. Geschichtliche Stadtbeschreibung. Salzburg 1885–1890.

Zwink Eberhard (Hrsg.): 900 Jahre Festung Hohensalzburg. Salzburg 1977.

Die Auseinandersetzung um den Fortbestand alter Bausubstanz ist keine Erfindung unserer Tage. Bereits aus dem 16. Jahrhundert stammt ein vom Bürgermeister der Stadt an Erzbischof Wolf Dietrich gerichtetes Schreiben mit der dringenden Bitte um Erhaltung des Linzer Tores:

„**Gmainer Statt allhie gehorsamist vnnd nottgetrungen bitlich anlangen.**

Hochwürdigister Fürst, Genedigister Herr!

Wir khönnen vmb gemainer Statt hochen notturfft willen, E. Hochfn. Gn. gehorsamist anZufüegen nit vmbgehen, Wie vill Jar herr das Linzstraßthor alhie dermassen In seiner Paufeligthait abkhomen, das nun hinfüran, wan man nit deme mit Erpauung von Neuen, vnnd Zeitlich fürkhomen solle, merckhliche gefahr vnd schaden der durchraisenden Zu besorgen, vnd gemainer Statt desto mehr schimpff vnd nachreden bey den Außleendern, So der orthen fürüber ziechen, Zuerwarten sein wurde, vnnd obwoll wir In namen gemainer Statt angedeute ErPauung deß ermelten Thors Jeder Zeit gern heten fürgenomen, So haben wir doch solchen schweren Vncossten, wie aus bey verwartten Anschlag abZunemen, niemall erschwingen, noch die Verläg bey gemainer Statt Cammer bißheer Ausrichten mögen, vnnd nummer desto weniger, die weill der vorrath an quaterstuckhen, so Zu erPauung der Statmauer, vnnd Thor vermaint worden, dise Jar herumb vast geschmellert, vnd das obrig so noch vorhannden, E: Hochf: Gn: Zu dero vorhabenden Pau selb Zugeprauchen genedigist entschlossen sein, Allso haben wir auch ein Nambhafften vorrat an Quaterstuckh vnd stainen vor denen Jaren bey gemayner Statt StainPruch an der Rietenburg gehabt, welche wir derselben Zeit auch Zu erpauung der Statmauer vnnd Thor anwennden sollen, vnnd wellen, aber hernach E: Hochf: Gn: geehrten Vorfahren Ertzbischouen Johann Jacoben ꝛc. seeligister gedechtnus Zu dem grossen werch bey Reichenhall dargelichen haben, die vnns Auch biß dato vnbeZalter aufftstendig sein, wie aus beyligunder VerZaichnus Zu ersehen.

Wann dan wir von gemainer Statt wegen obgehörter Vhrsachen Zu vollführung mehrberüerten notwendigen erpauens des Lintzstraßthors, weder mit Vorrath an stain, vnnd annderer Paunotturfften noch an barem gelt nit stathafft gefaßt sein, So ist demnach vnnser vnndterthenigist bitlich antrueffen, E: Hochf: Gn: wellen gemainer Statt obligende noth, vnd gebrechen genedigist erwegen, vnd hierumben vns Zu disem notwendigen Pau vilangeregte Stain von dem Perchstraßthor ver-

brauchen laſſen, Nit weniger auch) genedigiſte Verordnung vnd beuelch
geben, das vnns der Offt angeZogene Reſſt von denen auf das
Reichenhaller werch dargelichenen ſtainen herrüerendt, Bey derſelben
Camer entricht, vnnd bezalt werde, Oder aber, da Er: Hochf: Gn:
die arme gemain ſo vätterlich bedendkhen, vnd vilangeregt LinzerStraß-
thor ſelb von dero Cammer erbauen laſſen wellen, So iſt vnns nit
Zuwider ſo woll die Stain vor dem Perchftraßthor, als auch den
Reſt bey Euer Hochf: Gn: Cammer fallen Zu laſſen, vnd vns deren
beeder Zu begeben. Hierin befürdern E. H. G. gemainer Stat Nutz,
vnd Wolfahrt, welches wir mit vnſern vnndtertenigiſten ſchuldigen
Pflicht vnd dienſten gehorſamiſt Jeder Zeit verdiennen (wellen).
E. H. G. vns vnnd die Arme gmain Zu vätterlichen einſechen, vnnd
genebigiſten bſchaidt Jn aller gehorſamiſter vnderthenigkhait Empfelhundte

      E. Hochf: Gn:

Mand: Illi 11. Dezembris Ao. (15)89.
Denn Supplicanten anZetzaigen daz Jr. Frl:
Gn: gegen Jrem anerbieten gemainer Stadt
Zu guetem aus genaden khünfftigen Somer,
das LintzerThor auf Jren Aignen Vncoſsten
erbauen wollen laſſen

      W. D.*)

vnnderthenig vnnd gehor-
ſamiſte

Richter Burgermaiſter
vnd Rath.

---

*) Quelle: Dr. Leopold Spatzenegger's handſchriftlicher Nachlaß. Nach: „Berichts-
buech 1564—1568, fol. 8 im Stadt-Archive.
Wie bekannt hat Fürſt-Erzbiſchof Wolf Dietrich dieſe ſeine Abſicht und Zuſage
nicht ausgeführt. Das Thor wurde erſt 1613/1614 von der Stadt auf eigene Koſten
ganz neu wieder auferbaut. Erzb. Marcus Sitticus ſoll nur zu deſſen Ausſchmückung
etwas beigetragen haben. 1893/4 wurde das arg vernachläſſigte aber noch immer ſtand-
feſte, ſchöne Thor nach faſt 300jährigem Beſtande über Beſchluß des Gemeinde-Rathes
niedergebrochen.
Andere Zeiten, andere Sitten!

(Entnommen den „Mitteilungen der Gesellschaft für Salzburger Landeskunde", Band 35/1895,
mit freundlicher Genehmigung der Schriftleitung.)